体育教学与学生体育实践能力培养研究

王春梅 何明宇 刘晓云 ◎ 著

吉林出版集团股份有限公司

全国百佳图书出版单位

图书在版编目（CIP）数据

体育教学与学生体育实践能力培养研究 / 王春梅，何明宇，刘晓云著 . -- 长春：吉林出版集团股份有限公司，2022.12
ISBN 978-7-5731-2881-2

Ⅰ．①体… Ⅱ．①王… ②何… ③刘… Ⅲ．①体育教学—教学研究—高等学校 Ⅳ．① G807.4

中国国家版本馆 CIP 数据核字（2023）第 052236 号

体育教学与学生体育实践能力培养研究

TIYU JIAOXUE YU XUESHENG TIYU SHIJIAN NENGLI PEIYANG YANJIU

著　　者　王春梅　何明宇　刘晓云
出 版 人　吴　强
责任编辑　孙　璐
装帧设计　博健文化
开　　本　787mm×1092mm　1/16
印　　张　4.75
字　　数　98 千字
版　　次　2022 年 12 月第 1 版
印　　次　2023 年 8 月第 1 次印刷

出　　版　吉林出版集团股份有限公司
发　　行　吉林音像出版社有限责任公司
　　　　　（吉林省长春市南关区福祉大路 5788 号）
电　　话　0431-81629679
印　　刷　吉林省信诚印刷有限公司
ISBN 978-7-5731-2881-2　　定　　价　50.00 元

前　言

体育与健康课程教学是学校教育的有机组成部分，也是素质教育的重要内容。体育健康教育活动对培养学生的身心素质、促进教育的全面发展有着不可替代的作用。有效培养学生创新精神和实践能力，已经成为现代校园体育教育的一个重要目标和探索方向。要达到这双重培养目标，应结合实际情况，基于对学生创新精神和实践能力的双重培养需求，做好体育教育的充分优化。培养学生的创新能力是当今教育发展的必然要求。如何立足课堂，实施创新性体育教学，培养学生的创新精神、创新意识和创新能力，也是每位体育教师在新形势下应思考的重大课题。所以体育教学与学生体育实践能力培养研究在现代社会有着重要的发展意义。

本书旨在探讨体育教学中的体育健康情况及其功能，包括科学合理地进行体育锻炼的内容计划与方式方法实践，增长学生的体育知识与实践能力。全文充分体现了科学性、发展性、实用性、针对性等显著特点，希望其能够成为一本为相关研究提供参考和借鉴的专业学术著作，供人们阅读。

为了拓宽研究思路、丰富理论知识与实践表达，作者阅读了很多相关学科的著作与成功案例，吸取了大量交叉学科的知识并在书中采用，以便读者能够清楚地理解这些内容，并为今后更好地实施提供有益借鉴。

书稿的完成还得益于前辈和同行的研究成果，具体已在参考文献中列出，在此一并表示诚挚的谢意！

目 录

第一章 体育健康概论及其功能

第一节 学生的健康状况及健康本质

一、学生健康相关概述

（一）学生体质健康管理的概念

体质即人体的健康水平和对外界的适应能力。它是人体在先天遗传性和后天获得性的基础上所表现出来的形态结构、生理功能、心理发展、身体素质、运动能力等方面综合的相对稳定的特征。体质是生命活动和工作能力的物质基础。人的体质是从多方面来反映的，所以体质研究的内容主要包括体格、体能、生理机能、适应能力和心理状态等。

健康是由多种要素构成的有机整体，单纯的任何一方面的健康都不是真正意义上的健康。这种"三维健康观"体现了以生理机能为特征的身体健康、以精神情感为特征的心理健康和以社会生活为特征的适应健康，三方面相互联系、相互依存，共同构建了健康内容的基本元素。

体质和健康是两个不同的概念，它们之间既有区别，又有联系。所以，评价一个人的体质时，首先要考虑其健康状况，然后再从形态、功能、身体素质、运动能力、心理状态等方面进行综合评价。

学生体质健康应包括学生生理健康、心理健康以及良好的社会适应能力三方面。学生体质健康管理则是学校在对学生进行体质健康教育的基础上，对学生的体质和体能进行全面监测、分析、评估、指导、干预的全过程，从而促进学生体质健康水平和自我健康管理能力的提高。上述定义主要基于以下几方面的因素：

第一，学生体质健康管理的目的，不仅是改善青少年学生的健康状况，而且是让他们掌握自我健康管理的能力，从而使其能对自己的健康进行合理的评价，达到管理自我健康的目的。

第二，学生体质健康管理的外在因素。由于学生的生理和心理能力发展不够完善，对体质健康管理没有一个清晰而完整的认识，因此，开展学生体质健康管理，需要社会、学校、家长的共同努力才能顺利进行。

第三，学生体质健康管理的宗旨，是调动学生、家长以及整个社会的积极性，有效地利用有限的资源来达到最大的健康效果，并保持健康管理的持续性和有效性。

（二）学生体质健康管理的内容

体质健康管理工作应与学生生长发育特点相结合。以学校为基础的体质健康管理，应考虑学生在不同生长发育期所面临的各种问题，包括以下几点内容：

第一，收集体质健康相关信息。即收集在校学生体质健康、生活方式等方面的信息，并建立学生体质健康档案，包括个人基本信息、体质健康测试、心理健康测试、身体健康体检等，为健康评价和干预提供基础数据。其中，个人基本信息可通过查找学生档案获得或让学生直接填写；健康体检表可通过校医院或学生体检所在医院获得。

第二，体质健康管理教育活动。学校教育要树立健康第一的指导思想，切实加强学生体质健康管理工作，可定期开展体质健康管理讲座、出版体质健康管理收籍及资料，也可提供心理咨询、学习生活方式指导等多种服务，从而提高学生体质健康管理意识，培养学生终身体育的意识和能力。

第三，定期进行体质健康测试。教育部、国家体育总局规定的标准是从身体形态、身体机能、身体素质等方面综合评定学生体质健康状况的评价体系。各级各类学校应严格按照其中的测试项目、评价指标、权重系数、设备要求等，对在校学生的体质健康进行定期监测，并建立学生体质健康档案，详细记录学生体质健康测试情况。

第四，体质健康危险因素评价。即健康管理专家或体育教师，对学生的体质健康状况进行全面分析和评价，指出其中的危险因素，以达到健康预警的作用，同时兼顾学生的兴趣和体质健康状况为其制定个性化的运动处方，结合体育选项课程中的技能学习，合理安排运动负荷、时间和频率等，为后期的干预管理提供依据。

第五，体质健康干预管理。即培养学生科学认知体质健康、体育与健康等理论知识，帮助他们掌握制订锻炼计划，并建立相应的奖惩机制。同时，要定期检查锻炼计划的实施状况和危险因素的变化情况，提高学生的体质健康水平。

（三）学生体质健康管理理论研究

健康管理是指运用监测、评价、分析，提供健康咨询及指导等对个体或群体的健康进行管理的信息系统。国家在学校中实施体质健康标准，通过开展对学生制度性的体质健康测试、评价与反馈，建立个体健康档案，以个体的体质健康为特定的分析对象进行具体分析指导。这种健康管理体现了以个体体质健康分析为基础，有利于促进学生对个体健康信息的重视，能有效地促进个体通过健康行为改善体质健康状况。

健康管理体系的应用，可使学生的健康信息综合化、健康评估全面化、健康教育互动化，为统计分析健康信息、收集整理评估结果、实施健康管理提供有力工具。这样不仅能够提升学生的健康意识、健康状况和参与积极性，达到预防疾病的目的，而且能够提高相关机构的工作效率，有效地整合了健康信息资源，为学校和学生的健康发展提供了有力支撑。

学生的体质健康信息作为一种健康资源，通过合理地管理与分析，提供各种健康咨询与服务，应用于健康教育与健康促进，这是最常见的应用体质健康管理促进健康行为的模式。有研究者将其功能总结为以下几方面：制定促进学生体质健康的政策、创造学生体质健康促进支持环境、强化校外社区与校内各院系体质健康促进行动、发展个人运动锻炼技能和调整公共体育课程服务。

目前，为了更好、更方便地使用体质健康管理资源，不少研究机构除了开发多功能的体质健康管理系统外，还将体质健康管理系统网络化，将原始资料进行量化处理，使数据的输入、处理、存储等更方便、更准确。学校通过建立个体的体质健康数据库，可使学生通过网络服务平台进行个人查询，还可以通过某阶段练习后的体质健康比较，确认下一步的锻炼计划。同时，网络提供的体质健康资源，可以使学生获得关于自我锻炼相关知识的学习与使用。但是，这种利用体质健康资源，建立管理系统，激发学生关注自我健康并进行健康自我管理的平台，不仅在于学生是否接受这种管理模式，而且要提高这种管理模式的效率，提升学生自我健康意识。

关于体质健康状况与自我健康管理，从现行体育教育或终身体育教育的角度，个体对自我体质健康的良好认知是个体实施良好的自我健康管理、参与身体锻炼的重要动力资源。每个个体对自身身体健康具有的评价是对身体的自我认知，而体质健康测试是来源于科学标准的评判。如果身体状况客观上并不好，而自我主观对健康状况认知为良好，这就是所谓的个体对自我健康存在"主客观的不一致"。正确的身体自我认知和自我评价对个体的健康行为或健康管理具有促进作用。通过进一步地调查发现：体质健康为优秀的学生不仅对身体自我认知具有客观性，而且在运动参与方面也优于其余学生，反映了体质健康为优秀的学生在健康的自我认知和健康行为的管理上具有很好的一致性，表现为运动参与得分多的学生体质健康等级高，或体质健康等级高的学生运动参与多这样一种双向相关。

尽管影响学生体质健康的因素多种多样，但是，是否投入时间进行锻炼，是否对体育锻炼感到有兴趣等态度因素，即"时间"和"态度"对体质健康具有重要影响作用。每个个体具有不同的时间监控观念和能力，在不同任务的具体活动中，包括如何计划、如何定位、时间调节、结果评估等，均体现了个体对高效完成活动的重要性。通过对学生时间管理倾向与体质健康递增的关系进行研究，调查表明学生的时间效能感与行为意向、行为控制和行为习惯之间均达到显著的正相关。此结果表明，具有较高的时间监控观和时间效能感的学生，锻炼态度和体育参与程度也具备较高的水平；时间效能感与身体机能、身体素质之间达到显著正相关。

关于体质健康与健康管理的研究，将个体的认知健康状况与健康管理的相关性进行了调查，从个体的"体质健康"评价与健康管理的角度探讨了体质健康因素对个体健康管理的影响作用。个体的行为总是基于需求、目标、效应等而产生，因此，体质健康评价的自我评价或客观评价，均可能形成个体对健康管理的动力来源。

二、健康的本质

（一）健康的概念

健康是指心理健康、身体健康、道德健康和社会适应良好。也就是说，人的心理、整个身体、精神和社会生活处于完好的状态，而不仅仅是身体没有疾病或不虚弱。这一观念构成了现代医学模式，即生物—心理—社会。

（二）判断健康的标准

健康的内涵包括体力、技能、形态、卫生、保健、精神、人格、环境八个方面。专家在对各国健康问题研究的基础上，提出了一些健康的标准。

1.健康的准则

第一，有充沛的精力，能从容不迫地担负日常生活和繁重工作，而且不感到过分紧张和疲劳。

第二，处事乐观，态度积极，乐于承担责任，事无大小，不挑剔。

第三，善于休息，睡眠好。

第四，应变能力强，能适应外界环境的各种变化。

第五，能够抵抗一般性感冒和流感。

第六，体重适当，身材匀称。站立时头、肩、臂位置协调。

第七，眼睛明亮，反应敏捷，眼睑不易发炎。

第八，牙齿清洁，无龋齿，不疼痛，牙龈颜色正常，无出血现象。

2. "五快三良好"的健康标准

（1）躯体健康可用"五快"来衡量

①吃得快。进食时有良好的胃口，不挑剔食物，能以正常速度吃完一餐饭，说明内脏功能正常。

②走得快。行走自如，活动灵敏，说明精力充沛、身体状况良好。

③说得快。语言表达正确，说话流利，表示头脑敏捷、心肺功能正常。

④睡得快。有睡意，上床后能很快入睡，而且睡得好，醒后精神饱满、头脑清醒，说明中枢神经系统兴奋，抑制功能协调，且内脏无病理信息干扰。

⑤便得快。一旦有便意，能很快排泄完大小便，而且感觉良好，说明胃、肠、肾功能良好。

（2）心理健康可用"三良好"来衡量

①有良好的个性。情绪稳定，性情温和，意志坚强，感情丰富，胸怀坦荡，豁达乐观。

②有良好的处事能力。洞察问题客观现实，具有较好的自控能力，能适应复杂的社会环境。

③有良好的人际关系。助人为乐，与人为善，和他人的关系良好。

3. 心理健康的标准

第一，充分的适应力。

第二，充分了解自己，并对自己的能力做适度的估价。

第三，生活的目标能切合实际。

第四，与现实环境保持接触。

第五，能保持人格的完整与和谐。

第六，具有从经验中学习的能力。

第七，能保持良好的人际关系。

第八，适当的情绪发泄与控制。

第九，在不违背集体利益的前提下，能作有限度的个人发挥。

第十，在不违背社会规范的情况下，对个人基本需求给予恰当的满足。

我国常用的正常心理标准，主要有下列八项：

第一，智力在常态分配曲线内及对客观事物能做作正常反映。

第二，心理和行为特点与生理、年龄基本相符。

第三，情绪稳定、积极，与情境适应。

第四，心理与行为协调一致。

第五，社会适应，主要是人际关系的心理适应协调。

第六，行为反应适度，不过敏，不迟钝，与刺激情境相适应。

第七，不背离社会行为规范，在一定程度上能实现个人动机并使合理要求得到满足。

第八，自我意识与自我实际基本相符，"理想我"和"现实我"之间差距不大。

以个人的行为来评估其心理是否健康的一些原则：

第一，心理表现与环境必须同一：心理是现实在人脑中的主观反应，所以任何正常的心理表现和行为，不论其形式与内容都应与环境（特别是社会环境）保持同一性。

第二，心理与行为必须保持完整性：一个人的各种心理过程，如认知、情绪、意志、行为是在自身的协调一致下的统一体，是保持完整的。

第三，个性心理特征（人格）的稳定性：个性心理特征是在长期生活经历过程中形成的、有别于他人的个人心理特征的总和。

除了这几条原则外，还应该通过一个人的下列方面来评估其心理健康水平的高低：一是环境的适应能力；二是对外界压力或心理——社会刺激的耐受力；三是对自己情绪、思维、意志、行为的控制与调节能力；四是注意力集中能力；五是社会交往能力，特别是人际交往能力；六是对心理创伤的康复能力等。这些能力高，说明他的心理健康水平高；反之，则说明心理健康水平低下。

（三）影响健康的主要因素

1. 影响健康的主要因素之间的关系

健康主要受环境、生活习惯、卫生医疗服务、遗传四个因素影响。

（1）环境

包括由于微生物和寄生虫这些病原生物作用下致病的生物因素；人们生活和工作环境中接触到的各种物理条件，如气温、湿度、气压、声波、振动、辐射等超过某一限度时，都是影响人体健康的物理因素；天然或合成的化学物质导致中毒的化学因素；以及社会、经济、文化等因素。

（2）生活习惯

包括饮食、风俗习惯、个人爱好、体育锻炼、精神状态等。

（3）卫生医疗服务

指社会卫生医疗设施和制度的完善状况。

（4）遗传因素

影响健康的四个因素中，环境因素起重要作用，其次为生活方式、卫生服务。遗传因素虽影响较小，一旦出现遗传病，则不可逆转。这四个因素彼此又有相互依存关系一个国家人民的健康水平，主要受国家的经济和卫生事业发展的影响，同时取决于社会群体的文化素质、精神文明程度、生态平衡维持、自然资源利用及人口数量等相互影响制约。

2.体育锻炼方式

（1）体育锻炼要持之以恒

人们在进行体育锻炼的时候，往往会遇到许多意想不到的困难，如天气条件不好、时间冲突、发生意外事件、场地限制、缺少器材等，所以，要坚定信念，雷打不动，持之以恒，张弛有度。

（2）适度锻炼，量力而行

合理控制运动量与强度是获得最大锻炼效果的关键。想要通过体育锻炼获得理想的健康效果，既需要坚持不懈地锻炼，又需要注意运动适度。在进行自己特别喜欢的运动时，往往会出现兴趣大而导致运动过度的现象。这样的锻炼方式，对健康是不利的。

第二节 体育教育的目的与任务

体育课程是学生以身体练习为主要手段，通过合理的体育教育和科学的体育锻炼过程，以达到增强体质、增进健康和提高体育素养为主要目标的公共必修课程，是学校课程体系的重要组成部分，是学校体育工作的中心环节。体育课程是促进身心和谐发展，思想品德教育、文化科学教育、生活与体育技能教育和身体活动有机结合的教育过程；是实施素质教育和培养全面发展的人才的重要途径。

一、基本目标

（一）运动参与目标

积极参与各种体育活动并基本形成自觉锻炼的习惯，养成终身体育的意识，编制可行的个人锻炼计划，具有一定的体育文化欣赏能力。

（二）运动技能目标

熟练掌握健身运动的基本方法和技能；能科学地进行体育锻炼，提高自己的运动能力；掌握常见运动创伤的处置方法。

（三）身体健康目标

能测试和评价体质健康状况，掌握有效提高身体素质、全面发展体能的知识与方法；养成良好的行为习惯，形成健康的生活方式；具有健康的体魄。

（四）心理健康目标

根据自己的能力设置体育学习目标；自觉通过体育活动改善心理状态、克服心理障碍，养成积极乐观的生活态度；运用适宜的方法调节自己的情绪；在运动中体验运动的乐趣和成功的感觉。

（五）社会适应目标

表现出良好的体育道德和合作精神；正确处理竞争与合作的关系。

课程目标非常重视学生通过本课程的学习，不但要在体能、体育与健康知识和运动技能方面有所获益，而且要使自己形成坚持体育锻炼的习惯和健康的生活方式，并具有积极进取、乐观开朗的生活态度。实际上，课程标准更强调课程如何实现培养人的这一目标的实现。

二、发展目标

在体育课程目标的基础上，具体有五个发展目标：运动参与目标、运动技能目标、身体健康目标、心理健康目标、社会适应目标。

（一）运动参与目标

形成良好的体育锻炼习惯；具有较高的体育文化素养和观赏水平、参与运动是学生发展体能、获得运动技能、提高健康水平、形成乐观开朗的生活态度的重要途径。课程非常重视体育教学要通过形式多样、丰富多彩的生活内容，培养学生掌握科学的锻炼身体的方法。

（二）运动技能目标

积极提高运动技术水平，发展自己的运动才能，在某个运动项目上达到或相当于国家等级运动员水平；能参加有挑战性的野外活动和运动竞赛。从这一领域的目标来看，可以发现课程重视学生学会多种基本运动技能，在此基础上形成自己的兴趣爱好，并有所专长，提高终身体育锻炼的能力。同时在学习过程中也能了解到安全地进行体育活动的知识和方法，并获得在野外环境中的基本活动技能。对于运动技能的学习，课程标准强调，在已掌握运动技能的基础上，进一步提高学生喜爱的一两个运动项目的运动能力，并使之成为终生乐于从事的活动内容。

（三）身体健康目标

能选择良好的运动环境，全面发展体能，提高自身科学锻炼的能力，练就强健的体魄。课程重视在引导学生积极参与体育活动、发展体能的同时，注意使他们了解环境和不良行为对身体的影响，并形成健康的生活方式，这样才能有效地提高学生的健康水平。此外，该学习领域还非常强调学生的身体健康水平与其他体能状况紧密相关，并要求根据学生体能发展敏感期的特征，使学生在某一水平学习时侧重发展某些体能。

（四）心理健康目标

在具有挑战性的运动环境中表现出勇敢顽强的意志品质。课程非常重视通过体育活动来提高学生的自信心、意志品质和调节情绪的能力。这也提示我们，在体育教学中，要防止只重视运动技能的传授，而忽视心理健康目标达成的现象；要努力使学生在体育活动过程中既掌握基本的运动技能，又发展心理品质；要注意创设一些专门的情景，采取一些特别的手段，促进学生心理健康水平的提高。

（五）社会适应目标

形成良好的行为习惯，主动关心、积极参加社区体育事务。课程十分强调体育活动对于发展学生的社会适应能力的独特作用，因为经常参与体育活动的学生，合作和竞争意识、交往能力，对他人、集体和社会的关心程度都会得到提高，而且，学生在体育活动过程中获得的合作与交往等能力能迁移到他们日常的学习和生活中去。这就需要在体育教学中应特别注意营造友好、和谐的课堂氛围，采取有效的教学手段和方法培养学生的社会适应能力。此外，课程十分重视学生应学会通过多种途径获取现代社会中体育与健康知识的方法，这有助于他们更好地了解社会、适应社会。

第三节　体育运动的理论与功能

一、体育运动的理论

当从体育的"育人机制"方面来探求其概念，体育是通过可视为手段和媒介的身体活动而进行的教育且体育是以身体活动作为媒介的，并同时以培养健康的身体和良好的社会性格为目的的一种教育。体育是完整的教育过程中不可分的部分，这个领域的发展目的是以身体活动作为媒介去培养在身体、精神、情操等方面与社会相适应的公民。

从以上对体育所下的定义中可以看出几点共同之处。首先，体育是培养和完善人的一种有意识的活动或过程；其次，体育所借助的手段是一般被称为身体活动的运动；最后，体育不仅是通过身体，而且还必须是针对身体所进行的教育。"身体"一词在这里已远远超出了生物学的限定，其含义用辩证唯物主义的"身心一元论"来解释，应是灵魂和肉体相互作用、相互依赖、相互影响的统一整体。依据上述分析，体育是以身体活动为媒介，以谋求个人身心健康、全面发展为直接目的，并以培养完善的公民为终极目标的一种社会化文化现象或教育过程。

二、体育的功能

体育的功能是指体育以其自然的特点作用于人和社会所产生的良好影响与效益。体育的功能是多方面的，归纳起来主要有以下几方面：

（一）教育功能

体育的教育功能具体表现在以下几方面：

1. 改造经验

人类生活需要多方面的经验，经验的发展和充实代表生活能力的提高，人的经验绝不仅限于读、写、说、算。就行动经验而言，简单的如坐立行走、举手投足，复杂的如距离、速度、时间的判断，以及提高工作效率所必需的精神肌肉协调和维持肌体的正常功能而应有的操作等，只有通过实践才能培养。体育则是对人类进行综合性教育的一种有效途径，它可以使个人的心智、情绪、动作经验、行为品性等，在以身体活动为中介的体育实践活动中得到发展。

2. 适应能力

体育是帮助个体适应其生活环境的一种影响和训练。虽然不同的人需要不同的适应能力，但在今天的社会里，个人的适应能力应该是全方位的，它包括身体的、心理的、社会的，缺其一都无法获得真正的幸福。作为生活教育的体育，对上述的适应能力都有培养作用。

3. 改变行为

体育活动所引起的经验改造和适应能力的发展，可以进一步引起行为的变化。在体育活动中，凡是合乎社会要求的行为，都会被社会认可和接受而日益加强，也就是说，体育可以使每一个人的行为趋向于符合社会道德标准和行为规范的要求：体育活动可以培养个体机智和勇敢的行为，并使这种行为达到一种较高境界——机智而不投机取巧，勇敢而莽撞行事。

（二）健身娱乐功能

体育的一个重要目标是要教会人们去合理、有效地利用、保护和促进身体的发展，它是一个利用身体去完善身体的活动过程。除了求助于身体锻炼以外，还有赖于健身娱乐活动的兴趣和情绪。文明社会在时间、财力等方面，为人类的健康娱乐活动提供了越来越充裕的条件。文明社会的人需要娱乐，如同人需要食物一样，适度的身体锻炼活动，既健康又悦心。

三、培养竞争意识功能

人类的生活如同在竞技场的比赛，大到自然竞争，小到与对手竞争，无一不是在竞争中不断地完善自我和超越自我。参与竞争的人，必须创造条件充实自己。所谓条件，就是由竞争意识所支配的合理行为。无论是参观还是参赛，运动场无疑为人们在生活中即将发生的竞争提供了极佳的预演场所。许多哲学家早就把运动场所当作是社会的一个缩影，运动场本身就是一个特殊的社会环境。依据迁移原理，人们在运动场上养成的良好品德和行为准则，可以迁移到日常行为模式之中而为社会所认同。从公平竞争的角度而言，运动场是培养人们具有合理竞争意识的最佳场所。体育除具备上述主要功能外，还有促进政治、经济发展，传播人类文化等功能。

第四节　体育运动的身心发展

一、影响人的身心发展的基本因素

人的发展，包括身体和心理两方面的发展，它是以一定的遗传素质为前提、以一定的生理发展为基础，并在一定的社会生活条件和教育影响下发展起来的。遗传、社会生活条件、教育以及人的本身活动是影响人发展的主要因素。

（一）遗传素质是人的身心发展的必要物质前提

遗传是指生物体的构造和生理机能由上代传给下代。如机体的结构、形态、感官和神经系统的特点等。这些遗传的生理特点，也叫遗传素质，是人类发展的自然的或生理的前提条件。

遗传在人的发展中不可忽视，它对人的发展的主要作用有以下几点：

1.遗传素质为人的发展提供必要的生物前提

人是社会实体，同时也是自然实体。人的遗传素质，特别是人的大脑神经系统特点是其他动物所不具有的。其他高等动物，即使长期与人接触并接受的专门训练，也不可能具有人的心理发展水平。

2.遗传素质的不同是造成儿童发展差异性的先天影响因素

人的遗传素质是有差异的，这种差异不仅表现在体态、感觉器官方面，也表现在神经类型方面。遗传素质的差异对人的发展是有影响的。因此，应当高度重视优生优育问题。

3.遗传素质不是决定人的发展的唯一因素

遗传素质只能提供最初的生物前提，使人的发展具有某种心理或生理条件，但不能保证一定就能这样发展。

（二）社会生活条件对人的身心发展起决定性作用

人的生活主要是社会生活，儿童一生下来就作为一个社会成员成长，社会生活条件决定人的身心发展。社会生活条件包括社会物质生活条件和社会精神生活条件两方面。社会物质生活条件包括自然环境和物质生活资料的生产方式，其中物质生活资料的生产方式对人的发展起决定作用。

社会生活条件对人的身心发展有如下作用：

1.社会生活条件使遗传提供的发展可能性变成现实

先天的遗传素质是否能适时发展，以及向什么方向发展，是由社会生活条件决定的。

2.社会生活条件决定人的发展方向、水平、速度和个别差异

在不同的社会生活条件下，人的发展是不同的，原始人和现代人在发展上有很大差异，这主要取决于社会生产和科学文化发展水平。同一社会制度，不同阶级、不同家庭、不同地区、不同教育的人的发展也有差异，这主要取决于社会关系。因为人一生下来就生活在一定的社会关系中，必然要与周围的人发生各种交往。周围人的生活方式、思想、习惯、作风必然会对他产生各种影响。

（三）教育对人的身心发展起决定作用

教育本身是一种社会生活条件，也受社会的制约。教育主要是以交往的形式把前人积累起来的知识、经验传递给下一代，使下一代从一开始就接近和达到上一代的水平。教育包括家庭教育、社会教育和学校教育影响人的后天因素中，环境虽然对人的发展起着一定的制约作用，但教育对人的发展，特别是对青少年的发展则往往起主导作用，其原因如下：

1.教育是培养人的活动，它规定着人的发展方向

教育是有目的地培养人的活动。在人的其他活动中，人与人之间也会产生各种影响，也会有一定的教育意义，但那些活动不是以培养人为目的。同时，环境中的自发影响是比较复杂的，它不能按照一定的方向去影响人，因而不能决定人的发展；教育，特别是学校教育能排除和控制一些不良因素的影响，给人以更多的正面教育，按照一定的方向培养年青一代。

2. 教育给人的影响比较全面、系统和深刻

教育，特别是学校教育，是指根据一定的社会要求，按照一定的目的选择适当内容，利用集中的空间，有计划地、系统地向学生进行文化教育、体育教育、个性培养和思想品德教育。社会环境中其他方面的影响往往是偶然和片面的，是不能同学校教育相比拟的。

3. 学校有专门负责教育的老师

学校教育是通过受过专门培训的教师来进行的。教师受社会委托教育学生，对学生的身体、学业、品德等全面培养，明确教育目的，熟悉教学内容，懂得教育方法，自觉地培养学生按照一定方向发展。但是，学校教育的主导作用必须通过学生自身的积极活动来实现。教师应根据教育对象的身心发展规律，充分调动学生的积极性，组织学生参加一些有益于身心发展的活动；同时，还应争取学生家长和社会力量的配合，协同一致地教育学生，这样才能使教育力量更大、教育效果最好。

二、体育与人的身心发展的关系

体育作为一种社会现象，是人类文化的组成部分，也是生活的一部分，属于人的社会生活条件。因此，它对人的身心发展起着主导作用。

（一）体育对人的发展的作用

1. 促进大脑清醒、思维敏捷

大脑是人体的指挥部，人体的一切活动信息、指令都是由大脑发出的，大脑的重量虽然只占人体重量的 2%，但它的血流量却要达到心脏总血流量的 20% 才能满足。可见脑力劳动的消耗从某种意义上说不小于体力劳动。而脑力劳动的特点之一是呼吸表浅、血液循环慢、新陈代谢低下、腹腔器官及下肢部分血液滞缓。长时间进行脑力劳动，会感到头昏脑涨，这是由于大脑的供血状况使大脑无法保障正常的工作能力。另外，随着人的年龄增长，脑细胞会逐渐衰亡，大脑功能下降，致使大脑变得迟钝起来，但从事体育运动可以减缓这种衰老过程。体育运动能促使中枢神经系统及其主导部分大脑皮层的兴奋性增强、抑制性加强，从而改善神经过程的均衡性和灵活性，提高大脑的分析综合能力。

2. 促进血液循环，提高心脏功能

人的心血管系统像是一个运输网，心脏是这个运输网的动力器官，血液通过运输网将养料、氧气运往全身，因此，心血管系统机能对人体健康有着举足轻重的作用。进行体育运动可以加快血液循环，以适应肌肉活动的需要，这样就能从结构和功能上改善心血管系统。经常从事体育运动，能使心脏产生工作性肥大、心肌增厚、收缩有力、心搏

徐缓、血容量增大，大大减轻了心脏的负担，而且心率和血压变化比一般人小，表现出心脏工作的"节省化"现象。

3. 改善呼吸系统功能

呼吸是重要的生命现象，肺是呼吸系统的重要器官，具有气体交换的功能。经常运动能使呼吸肌发达，呼吸慢而深，每次吸进氧气较多，每分钟只要呼吸 8¯12 次，就能满足肌体需要。体育运动可使人体更多肺泡参与工作，使肺泡富有弹性，可增加肺活量。

4. 促进骨骼肌肉的生长发育

适当的体育运动能为骨骼和肌肉提供足够的营养物质，促进肌纤维变粗，使肌肉组织有力；促进骨骼生长，使骨密质增厚，提高抗弯、抗压、抗折能力。

5. 调节心理，使人朝气蓬勃、充满活力

从事体育运动，能使人产生一种非常美好的情感体验，使人心情舒畅、精神愉快。体育运动的激励还可以增强自尊心、自信心和自豪感，增添生活情趣，调节人们的某些不健康心理和不良情绪。

6. 提高人体对外界环境的适应能力

从事体育运动能提高人体应变能力，使人善于应付各种复杂多变的环境。经常进行体育锻炼，可以增强大脑皮层对各种刺激的分析综合能力，使感觉敏锐、视野开阔，使判断空间、时间和体位能力增强，从而能准确判断、灵活反应。同时，经常在严寒和炎热环境中运动，还可以提高机体调节体温的能力，增强身体对气温急剧变化的适应能力。

7. 增强机体免疫能力

经常运动可以使白血球数量增加、活性增强，增强机体免疫能力，提高人体对疾病的抵抗力；可以使中老年人保持充沛的精力和旺盛的生命力，延缓衰老过程，健康长寿。

（二）体育要遵循人的身心发展规律

生理学和心理学研究表明，体育要遵循人的身心发展规律。只有遵循人的身心发展规律，才能充分发挥体育运动在促进人体发展和增强体质过程中的作用。

1. 要适应人的身心发展的统一性规律

人的生理发展，包括人的机体正常生长发育和体质的增强。机体的生长是指细胞的繁殖增长，表现为身体各部分的组织器官以及身体的大小、高矮、体重的增加。机体发育是指器官形态的改变和机能的改善，人的机体只有正常生长发育才能使体质增强，体质增强又有助于机体的正常生长发育。

人的心理发展，包括感觉、知觉、注意、记忆、思维、想象、情感、意志和个性等各方面的发展。人的心理是大脑对客观现实的反映，脑是心理器官，心理是脑的机能，心理反应有自觉能动性。

人的生理和心理的发展是统一的，是密切联系、相互影响的。人的心理发展也必然能影响生理的健康发展。体育教育工作必须注意学生身心发展的统一性，促使他们的身心得到全面发展。

2. 要适应人的身心发展的顺序性、阶段性规律

不同年龄的人在体育内容、方法上应有所不同。在生理方面，例如骨骼肌肉的发展，先是发展大骨骼和大肌群，随后发展小骨骼和小肌群。神经系统结构发展是先快后慢，生殖发展是先慢后快。儿童心理发展，总是由具体思维发展到抽象思维，从机械记忆发展到意义记忆；先有高兴、恐惧等一般感情，而后才有理智感、道德感。这一过程既不可逆转也不能跳跃。关于人的身心发展，同一年龄阶段的人具有某些共同的、本质的生理和心理发展特性，不同年龄阶段的人则具有不同的身心发展特点。儿童少年时期，同化作用占优势，各器官系统主要表现为生长；青壮年时期，同化作用和异化作用基本平衡，有机体处于比较稳定的阶段，各器官系统生长发育已基本完成，是人一生中生命力最旺盛时期；中老年时期，有机体功能缓慢衰退。

因此，教师必须从受教育者的实际出发，针对不同年龄的学生，提出不同的任务，采用不同的教育内容和方法。同时还应当正确而循序渐进地对学生提出合理的要求，既不迁就现有水平，又要根据他们的年龄特征，在已有基础上，促进他们的身心发展，以达到更高的水平。

3. 要遵循人的身心发展的不均衡和个别差异规律

在人的身心发展过程中，由于遗传、环境、教育及其自身的主观能动性不同，他们的身心发展存在着不均衡和个别差异。其不均衡性表现在以下两方面：

（1）在同一方面的发展上，不同年龄阶段发展是不均衡的

如身高、体重有两个成长高峰，第一个高峰在出生的第一年，第二个高峰是在青春期。在高峰期，身高体重的发展比其他年龄段更为迅速。

（2）在不同方面的发展也是不均衡的

有的方面在较早的年龄阶段就已达到较高的发展水平，有的则要在较晚的年龄阶段才能达到较为成熟的水平。人的身心发展不仅不均衡，而且在不同人之间是有差异的，表现为：在同一方面，不同人的发展速度和水平是不相同的。在不同方面的相互关系上，不同人有个别差异。

由于身心发展的不均衡性，体育教育者要首先了解教育对象的不同方面发展的成熟水平及时期，使教育与成熟程度相适应。由于身心发展的个别差异性，教师既要照顾年龄特征，又要重视每个人的个体差异，因材施教。

第二章

体育锻炼竞赛与锻炼营养

第一节 体育锻炼的定义与方法制订

一、体育锻炼的定义

体育锻炼是人类特有的一种社会行为方式，是人们运用各种身体练习方法，并结合自然力和卫生因素，以身体发展、增进健康、增强体质、调节精神、丰富文化生活为目的的身体活动。它以健身为目的，通过身体活动来实现，但在内容选择和方法应用方面要遵循科学规律。

二、体育锻炼的基本原则

（一）自觉积极性原则

自觉积极性原则又称主动性原则，是指体育锻炼者有明确的健身目标，充分认识体育锻炼的价值，并能自觉、积极地从事体育锻炼活动。体育锻炼是一个自我锻炼、自我完善，并需要克服自身惰性、战胜各种困难的过程，它要有一定的作息制度做保证。

如何提高体育锻炼的自觉积极性：

1. 明确"生命在于运动"的科学道理

了解体育锻炼是现代人类生活不可缺少的一个组成部分，从而确立正确的锻炼目的，并且把体育锻炼当作是日常学习和生活的自觉需要，来激发锻炼的主动性，最终调动锻炼的积极性。

2. 培养兴趣

兴趣是指人们认识事物和从事活动的倾向。当一个人对一项体育活动产生兴趣时，就会对这项体育活动表现出极大的主动性和自觉性，做到身心融为一体。

（二）循序渐进原则

循序渐进原则是指体育锻炼必须遵循人体自然发展、机体适应的基本规律，从不同的主客观实际出发，合理安排运动负荷，在渐进的基础上提高锻炼水平。在体育锻炼过程中，运动负荷的大小直接影响人体机能的变化，负荷是否适宜，直接影响锻炼效果。运动负荷的大小因人、因时而异。即便是同一个人，在不同的机能状态、不同的时间，人体对负荷的承受能力也不尽相同。因此，进行体育锻炼时应循序渐进，随时调整运动负荷，逐步提高锻炼水平。

要贯彻循序渐进的原则：

1. 体育锻炼力戒急于求成，必须根据锻炼者自身的实际情况确定运动负荷的大小，做到量力而行，尤其要注意锻炼后疲劳感的适度。

2. 运动负荷应由小到大，逐步提高。开始从事体育锻炼或中断体育锻炼后恢复锻炼时，强度宜小，时间宜短，密度适宜。

3. 注意提高人体已经适应的运动负荷，使体能保持不断增强的趋势。一般应在逐步提高"量"的基础上，再逐渐增大运动强度，使之适应，感到胜任的愉快，然后做相应的调整。随时加强自我监督，密切注意身体机能的不良反应。

4. 锻炼开始时，重视准备活动；锻炼结束后，做好放松整理活动。

5. 缺乏一定体育锻炼基础的人，或中断体育锻炼过久的人，不宜参加紧张激烈的比赛活动。

（三）持之以恒原则

持之以恒原则是指体育锻炼必须经常性进行，使之成为日常生活的重要内容。体育锻炼对机体给予刺激，每次刺激都产生一定的作用痕迹，连续不断地刺激作用则产生痕迹的积累。这种积累使机体结构和机能产生新的适应，体质就会不断增强，动作技能形成的条件反射也会不断得到强化。因此，体育锻炼贵在坚持，需要长久积累。

如何才能使体育锻炼持之以恒：一是要制订一个切实可行的锻炼计划（能长期坚持）；二是要保证有一定的体育锻炼时间，逐步养成习惯，使体育锻炼成为生活的重要组成部分；三是要如果锻炼间隔时间过长，效果就不明显，每次锻炼要坚持安排合理的锻炼间隔。

（四）全面性原则

全面性原则是指体育锻炼必须追求身心全面和谐发展，使身体形态、机能、身体素质及心理素质等方面得到全面协调的发展。人体是由各局部构成的一个整体，各局部均按"用进废退"的规律发展，体育锻炼能促进新陈代谢的普遍旺盛，使身体各系统、组织、器官和谐发展，达到身体相对的完善和完美。

怎样才能做到全面锻炼：

1. 身心的全面发展，要从提高适应环境和抵御疾病的能力、改善机体形态和提高机体功能、陶冶性情、丰富文化生活等方面着眼。

2. 体育锻炼的内容、方法要尽可能考虑身体的全面发展，一般以一些功效大、兴趣较浓的运动项目为主，以其他项目为辅进行全面锻炼。

3. 注意全身的活动，不要限于局部。

4. 在全面锻炼的基础上，有目的、有意识地加强专业实用性的体育锻炼。

（五）安全实用性原则

安全实用性原则是指在从事任何形式的体育锻炼过程中都要注意安全性和实用性。

如何选择安全又实用的体育锻炼项目：

1. 根据个人的实际情况，制订一套适用可行的锻炼计划或运动处方，执行时应当严格按照计划或处方中的要求来做，并注意阶段性地调整。

2. 选择锻炼内容时，要注意它的锻炼价值，不要追求动作的形式，以及在力所不及的情况下去从事高难度技术动作的训练，而应选择简便易行、锻炼价值大、效果好的项目，作为身体锻炼的主要内容。

3. 安排运动负荷时要根据锻炼者所能承受和克服的难度，一般以自我感觉舒适和不影响正常学习、工作和生活为准。

三、体育锻炼的基本方法

体育锻炼方法是指根据人体发展规律，贯彻体育锻炼原则，运用各种身体练习和自然因素，以提高身体素质、达到体育锻炼目的的途径。

体育锻炼的方法有很多种，下面谈谈几种常用的方法。

（一）循环锻炼法

循环锻炼法是指把不同类型的动作和具有不同练习效果的练习动作按照一定的顺序组成一组锻炼项目，然后按照组成的动作循环反复地进行锻炼，这种方法具有综合锻炼的效果。

循环练习法所安排的各个练习点，内容安排要选用大家已经掌握的那些简易的动作，同时要规定好练习的次数、规格和要求。由于各个练习点的动作要求及运动器械不相同，在练习过程中不断地翻新花样、交替进行，可以激发学生的兴趣、减轻疲劳，具有很显著的健身效果。采用循环锻炼法要强调练习的质量，不要片面强调运动的密度和数量。

（二）重复练习法

重复练习法是指按照一定的负荷标准，多次重复进行某项练习。重复的次数和时间能够决定每场练习的效果。决定和调节重复的次数与时间要考虑这项练习的特点。运用重复练习法时要注意克服厌倦情绪，特别要防止机械呆板。

（三）间歇练习法

间歇练习法是指进行重复锻炼时的两次练习之间要有合理的休整。它是提高锻炼效果的一种常用的锻炼方法。间歇锻炼的间歇时间长短，主要以运动负荷的值域为标准。一般情况下运动负荷超过上限时，要将间隙时间加长些，以防止运动负荷过大导致体力下降过快甚至造成运动伤害；运动负荷在下限时，间歇时间应短些，否则间隙时间过长会导致前次的锻炼效果已经消失，就失去了间歇的意义。

（四）变换练习法

变换练习法是指在锻炼过程中，采取变换环境、变换条件、变换要求等各种手段来提高锻炼效果的一种锻炼方法。采用变换练习法，可以有效地调节生理负荷，强化锻炼意志，克服疲劳和厌倦情绪。

（五）自然因素锻炼法

自然因素锻炼法是指人体为了适应外界环境的变化，利用自然条件进行身体锻炼，以提高适应能力和增进健康、增强体质的锻炼方法。常用的几种自然因素锻炼方法有阳光浴、空气浴、冷水浴等。每个人可以根据自身的不同特点和自身的适应能力选择适合自己的锻炼方法。

四、体育锻炼计划的制订

体育锻炼能够增强体质。只有结合自身的实际，有计划、有步骤、有针对性地锻炼，才能有效地增强体质。

为了选择最适宜的锻炼内容，采取最佳的途径与方法，取得最佳的锻炼效果，必须学会制订适合自身特点的体育锻炼计划。

（一）根据体育锻炼的四条原则，安排锻炼计划

一是从实际出发。要根据个人的兴趣爱好、身体状况以及学习负担、学校、家庭、

社区体育场地设备的实际，选择锻炼内容。

二是循序渐进。锻炼过程要循序渐进，逐步提高运动负荷和技术难度。

三是持之以恒。要坚持锻炼，不可间断。

四是全面发展。要选择多种方法进行身体全面锻炼。

（二）根据自身的形态、机能、素质现状，确定锻炼内容

有的人脂肪较多、耐力较差，可确定长距离跑、越野跑、定时跑、变速跑、跑走交替等练习；有的人身材瘦弱，可有目的地选择发展肌肉力量的系统练习；有的人速度较差，可选择快速跑、冲刺跑、听信号变向跑等练习；有的人协调性较差，可多练习一些球类项目。总之，练习的内容要根据性别、健康状况和锻炼水平差异，因人而异，有的放矢。

（三）根据运动技术水平和体育课成绩，确定锻炼的内容

体育与健康课的任务之一，是掌握基础知识、基本技术和基本技能。"三基"掌握的情况，是体育与健康课的成绩考核的重要组成部分。在制订锻炼计划时，要考虑自己在体育学习中的弱项是什么、薄弱环节在哪里，可以有针对性地加强这方面的练习，使体育技术、技能和成绩尽快提高。

（四）根据学习、生活的规律，确定锻炼时间

学生每天学习很紧张，如果不安排体育锻炼，身体会渐渐变弱。每天都要有一小时左右的体育锻炼（包括体育与健康课），贵在坚持。锻炼的时间可以在早晨起床后，也可以在下午课后。这样才能使学习、生活更有规律和节奏，身体健康、精力充沛地投入学习。

（五）根据个人兴趣、爱好，确定锻炼内容

兴趣不再是参加体育锻炼的唯一驱动力。但是，兴趣作为一种心理需求，仍然是学生在体育锻炼中所追求的。根据个人的兴趣爱好，选择适宜的运动项目进行锻炼，能取得较好的效果。

（六）根据人体生理机能活动规律，合理安排运动负荷

要想获得身体锻炼的理想效果，必须掌握好适宜的运动负荷。运动负荷过小或过大，都不能对身体产生积极的影响。如果运动负荷过小，则对身体的刺激程度不够，达不到锻炼目的；如果运动负荷过大，超过了身体承受能力，反而会影响健康甚至损伤身体。

运动负荷（通常称运动量），是由负荷强度和负荷量组成的。影响负荷强度的因素有练习的速度、高度、远度、重量和练习的密度（单位时间重复练习的次数）等。影响

负荷量的因素有练习的持续时间、重复次数与组数、负重的总重量等。通常衡量运动负荷的方法，是测量运动时心率的变化情况。它是根据人体最大摄氧量的原理，即摄氧量越大，能源物质的消耗也越大的原理划分强度的。

第二节 体育竞赛的组织与编排

一、体育竞赛的组织

组织一次令人满意的体育竞赛，需要经过赛前准备、赛中组织管理和赛后总结等具体而细致的运作过程。

（一）竞赛前的准备

充分而细致的准备工作，是竞赛活动顺利、圆满进行的重要保证。竞赛前的准备工作一般包括：争取团委、学生会、体育老师和班主任等多方面的支持和配合，利用多种形式进行宣传，聘请裁判员，联系场地，准备器材，制作竞赛表格等。

竞赛前关键要做好下面两项准备工作：

1. 制定竞赛规程

体育竞赛规程是具体实施一项竞赛的政策和规定，是竞赛的参加者和管理者都必须遵循的法规。在体育竞赛中，竞赛规则和规程共同协调与制约竞赛的过程。竞赛规程的内容一般包括以下几项：

一是竞赛的名称。

二是竞赛的目的、任务。

三是竞赛的时间、地点、承办单位。

四是参赛办法（组队单位、分组办法、限报人数）。

五是竞赛办法（竞赛项目、使用规则、录取名额、计分、处罚、奖励办法）。

六是报名日期和地点。

七是裁判员和仲裁委员会。

八是特殊规定和注意事项。

竞赛规则是对技术规范和场地器材的规定，竞赛规程则着重于竞赛的组织管理。

2. 进行竞赛编排

在收到参赛队（人）的报名后，根据竞赛项目的特点和规定的竞赛办法进行竞赛编排。

（二）竞赛中的组织管理

竞赛中的组织管理工作包括组织啦啦队、维持场地秩序、场地器材的管理、现场的宣传鼓动以及提供必要的医务防护等工作。另外，及时核计每场比赛的结果和汇总各队的得分是竞赛中的重要工作之一。下面介绍几种常用的球类比赛的计分和评定名次的方法。

1.计分方法

表 2-1　球类比赛计分方法

计分方法	比赛结果			
	胜	平	负	弃权
A	3	1	0	0
B	2		1	0

2.评定名次的方法

由于竞赛项目的不同，计分和评定名次的方法也有所不同，但必须在竞赛规程中有明确的规定。

例如：足球计分和评定名次的方法。

一是胜一场得 3 分，平一场得 1 分，负一场或弃权得 0 分，按积分决定名次。

二是如果两队或两队以上积分相等，按净胜球决定名次；如净胜球也相等，按进球总和决定名次；如进球总和还相等，可抽签决定名次。如在第二阶段踢成平局，可进行加时赛，可规定加时赛决定胜负；如还是平局，罚点球决定胜负。

例如：篮球计分和评定名次的方法。

一是胜一场得 2 分，负一场得 1 分，弃权得 0 分，按积分决定名次。

二是如果两队积分相等，两队之间比赛胜者在先。

三是如果三队或三队以上积分相等，按它们之间比赛胜负场数多少决定名次；两队之间比赛胜者在先。如比赛胜负场数也相等，则按它们相互比赛净胜分数决定名次；如净胜分数也相等，再按它们比赛的得失分率（得分之和 / 失分之和）决定名次。

例如：排球计分和评定名次的方法。

一是胜一场得 2 分，负一场得 1 分，弃权得 0 分，按积分决定名次。

二是如果两队或两队以上积分相等，按全部比赛的胜负局率（胜局总数 / 负局总数）决定名次，分值高者列前；如胜负率也相等，则按全部比赛总的得失分率（得分总数 / 失分总数）决定名次，分值高者列前。

（三）赛后总结

比赛虽然结束，但不可轻视赛后的总结，这是难得的吸取经验教训、增长才干的机会。赛后应做的工作有：

一是及时公布比赛结果。

二是奖励优胜和宣传高尚的体育道德作风。

三是整理总结比赛成绩和经验，并报学校存档。

同学们在学校学习期间，除了大型的体育竞赛（如田径运动会、体育节、游泳比赛）由体育老师组织外，平时还可在班级之间、年级之间、系与系之间开展小型的体育比赛。组织小型体育比赛既有利于加强相互联系和交流，推动课外文体活动的开展，又有利于锻炼和培养管理、组织和社会活动能力。

二、体育竞赛的编排方法

体育竞赛的编排方法是按照体育竞赛的规则和竞赛规程的要求进行的。这里，介绍几种最常用的方法：

（一）淘汰法

淘汰法是指在比赛的过程中逐步淘汰失败者，最后得出优胜者的一种比赛方法。

淘汰法的优点是可以在较短的时间内，用较少的比赛场地，安排较多的运动员参加比赛。其缺点是如果安排不当，强手会过早相遇而遭淘汰。为弥补这一缺点，可采用设立"种子"的办法来克服淘汰赛的不合理性。

淘汰赛又分为单淘汰赛和双淘汰赛两种。

单淘汰赛是失败一次即失掉比赛资格的方法，最后只取一名冠军，所以又称冠军比赛法。多用于乒乓球、羽毛球、网球的单打比赛。其编排方法一般有如下几个步骤：

1. 确定参赛队（人）号码位置数

采用单淘汰法时，应根据参赛队（人）数，选择与2最接近、较大的乘方数（即2的次幂）作为号码位置数。常用的号码位置数有：4（2^2）、8（2^3）、16（2^4）、32（2^5）等。

2. 计算出比赛轮次和场数

（1）轮次数

所确定的号码位置数2的乘方数。

（2）场数

参赛队（人）数减1。

3. 编排比赛次序（以4队参赛为例）

比赛次序排好后，由参赛队（人）抽签填入号码位置，然后将比赛时间、场地等写在表中，即成为正式竞赛次序表。

4.算轮空数

淘汰赛第一轮合适的位置数目应是 2 的乘方数。如果参赛队（人）没有达到 2 的乘方数（如 5、6、7、9、10、11、12 等），则在第一轮比赛设置必要数量的轮空。其计算方法如下：

轮空数：等于或大于参赛队（人）数的乘方数减去参赛队（人）数的差数。

编排次序表时，如果有一个轮空队，通常排在最后的位置上。

如果有几个轮空队，一般均匀分布在各半区内，使机会尽可能相等。

有的项目（如乒乓球、羽毛球）参赛的人数较多，为了避免强者过早相遇而遭淘汰，一般先将强者确定为"种子"，将其均匀地放在相对等的区内，使他们在最后几轮相遇。

淘汰赛中的种子应为 2 的乘方数。种子的位置通常按运动员的水平顺序安排：1 号"种子"一般放在上半区的顶部；2 号"种子"一般放在下半区的底部；3、4 号"种子"分别放在上半区的底部和下半区的顶部；5、6 号"种子"分别放在第二和第三四分之一区的底部与顶部；7、8 号"种子"分别放在第四和第一四分之一区的顶部，以使同一区的种子相隔最远。

也可以用抽签的方法将"种子"安排在相应的位置上，尽可能使前几轮参赛队（人）的实力相当，使比赛更加精彩。

（二）循环法

循环法又称循环赛，指参赛者在比赛过程中，按一定的顺序互相轮流进行比赛，最后综合全部比赛的成绩来决定胜负的一种比赛方法。

循环法是一种较为合理的比赛方法。它的优点是强手不会过早相遇而遭淘汰，但赛程较长、比赛场次较多，有一定的局限性。

循环法可分为单循环、双循环和小组循环等几种形式。下面介绍常用的两种循环方法。

1.单循环法

单循环法指所有的参赛队（人）都要轮流相遇一次，最后根据各队（人）全部比赛的积分决定名次的比赛方法。

单循环法比赛轮数和场次计算办法：

轮数：参赛队（人）各赛一场（包括轮空）为一轮。

如果参赛队（人）为奇数时，则：轮数 = 参赛队（人）数。

如果参赛队（人）为偶数时，则：轮数 = 参赛队（人）数 –1。

2. 分组循环法

分组循环赛是把参赛的队（人）分成若干小组分别进行单循环赛，各组分出高低来，再根据竞赛规程进行下一阶段的比赛。如足球世界杯决赛的小组赛，一般将比赛分成两个阶段，第一阶段即为单循环赛，第二阶段把第一阶段各小组名次相同（或几至几名）重新编组，进行决定名次的比赛。

第三章
体育健康的锻炼内容

第一节　体育锻炼肌肉力量与耐力

体育锻炼对健康的影响很大。体育锻炼的内容多种多样，人们在进行健康锻炼时，可以根据各自的目的、条件和兴趣，合理地选择锻炼内容。

现代社会经济发达，人们对生活品质的追求也水涨船高，运动健身成为现代人品质生活的新元素，身材健美壮硕成为许多人的追求。然而，好身材并不是天生就有的，而是伴随着持之以恒的锻炼。对肌肉进行耐力与力量的训练能够有效健美身材，优化运动水准，但健美身材对于健康、体重的真正意义却鲜为人知。

一、增强肌肉耐力与力量的重要性

对每个人而言，发展肌肉耐力，增强力量都大有裨益。这是因为，人体新陈代谢会随着年龄增长而变慢，所消耗能量降低，体脂体重增长，肌肉的总量却不断下降。身体锻炼贵在坚持，才能达到理想的效果，每个人都应该结合年龄和自己的身体状态，有计划地进行锻炼。例如慢跑、游泳、球类运动等，有规律地运动超过一年，结合科学饮食，往往能有效增强体魄、降低脂肪，这才是健康、有效的保持体重的好方式。

二、肌肉耐力与力量的决定因素

（一）肌肉生理横截面积

决定肌肉力量大小的主要因素是其生理横截面积。一般来说，肌肉具有越大的生理横截面积，其具有的力量越大。而影响肌肉有多大的生理横截面积的因素包括肌纤维方向、数量以及单个肌纤维的大小。进行体育锻炼能够使肌肉生理横截面积扩大，主要是因为锻炼之后增大了单个肌纤维，并增加了总体数量而造成的。

（二）冲动的概念

冲动是由中枢神经系统发出的频率及强度所产生的，人体的冲动由中枢神经发出，改变其频率与强度也会使肌肉力量发生改变。具体来说，有些运动神经元对肌肉有支配作用，在兴奋状态时进行工作数量变多，发出的频率增高，就会增强收缩肌肉产生的力量。在锻炼初期，主要是通过提高神经系统的工作效率来达到增强肌肉力量的目的。

（三）过度锻炼

凡事适当最重要，身体锻炼同样如此，锻炼过度会对肌肉带来一定伤害，也会对人体的身心健康造成负面影响。例如，过度锻炼的人会出现易疲劳、抗拒锻炼等心理，也会造成骨骼和肌肉上的创伤。在进行锻炼时，要结合抗阻练习，注意饮食规律，把锻炼过度造成的负面影响保持在最低范围。

三、练习肌肉耐力与力量的原则

（一）渐增阻力原则

训练肌肉的耐力、力量过程中也会用到超负荷原则，这就是渐增阻力原则。虽然这两者能够互相转换，然而在练习力量过程中，渐增阻力原则体现得更加明显。所谓渐增阻力原则，指的是超负荷锻炼能够增加肌肉的耐力与力量，同时，原本的超负荷会在肌肉增长之后不再造成超负荷影响。因此，只有继续加大负荷，才能使肌肉的耐力与力量继续增长。所以说，渐增阻力原则更加适用。

（二）专门性原则

进行肌肉训练必须处理好不同项目与肌肉耐力、力量之间的需求关系。第一，进行锻炼的肌肉必须具有力量、耐力等方面进行优化的需求，一个腰痛的人，需要对腰部肌肉进行训练，如果只是进行腿部肌肉训练是难以缓解腰部疼痛的；第二，肌肉耐力、力量的增强需要不同强度的训练。

（三）系统性原则

人的肌肉用则进，废则退。因此，训练肌肉要统筹安排。无数事实说明，依靠高强度锻炼增加肌肉力量的人，在训练终止后其力量也会快速消退；而依靠长期、有序锻炼使肌肉缓慢增加力量的人，其力量能够保持更长时间。

四、负重练习的类型

进行不同项目肌肉练习，肌肉收缩有很大差异。一般来说，练习肌肉包括等动、等张和等长三种练习类型。

（一）等动练习

进行等动练习需要在动力状态下实现，并且需要专用等动训练器的协助。进行等动训练时，身体关节受到巨大负荷，且不同部位力度相同，这种训练会对肌肉造成巨大张力。这种训练方式较为新颖，能够最大范围地训练肌肉，并且能够使肌肉力量得到快速增加，尤其是对于在陆地上锻炼肌肉的游泳运动员最为适合。当然，等动练习也有一定的弊端，这种方式会限制速度的发挥，不利于运动员的爆发力的发展，也无法在更多专项训练上得到运用。

（二）等张练习

等张练习，也被称作动力性练习，是最为常见的训练方式，它是指人体进行动力性抗阻练习，这时肌肉保持等张收缩状态。这种训练对于提升力量有重要作用，同时也能够使神经肌肉更加协调。同时，进行等张练习时，收缩肌肉的负荷会出现不均等，可能会导致个别关节肌肉承受负荷偏低，在训练时其负荷就必须依据关节最低负荷能力来安排，影响训练力度的增加。

（三）等长练习

等长练习，也被称作静力性练习，是指人体在维持固定姿势或位置时进行的训练，这时候肌肉保持等长收缩的状态。这种训练可以使静力的耐力、力量发挥到最大。等长练习对于肌肉耐力、力量的提升具有重要作用，等长练习与等张练习的不同之处主要有两点：其一，拓展等长力量具有明显的特异性，当训练者通过等长练习提高一个固定动作的力量，这个过程会对若干个点实施训练，但是等张练习却能够发展关节全部肌肉的力量；其二，当等长练习强度过大时，憋气、血液循环受阻等因素会使大脑供血不足，造成头晕等症状，对人体不利。

五、肌肉力量、耐力练习的生理适应

（一）力量练习的生理变化

力量练习可以增大骨骼肌体积和增加肌纤维募集数目。肌肉体积的增大主要是由于肌原纤维数量增多、增粗而使肌纤维增粗的缘故。研究表明，通过大强度的力量练习，肌原纤维数目是可以增加的，有人将这种增加称为肌原纤维数量性肥大。但数量性肥大在骨骼肌体积增大中的作用仍存在争议。

力量练习导致骨骼肌体积增大主要取决于饮食、肌纤维类型（快肌纤维的肥大比慢肌纤维明显）、血睾酮水平和力量练习的种类等因素。力量练习对心肺功能的改善不明显，但有规律的力量练习对身体的组成成分和柔韧性的改善有积极的作用。对大多数人来说，严格的力量练习可以增加骨骼肌的体积和减少身体的脂肪。如果在力量练习中，锻炼者尽可能加大关节的活动范围，关节的柔韧性也可以得到改善。

（二）负重练习后力量增加的快慢

力量增加的快慢取决于锻炼者开始力量练习时的水平，未经练习的人经负重练习后力量的增长比中等训练水平的人要快，这无疑增强了初练者对力量练习的信心。

（三）力量练习反应的性别差异

肌肉的力量、耐力对男子和女子都同样重要，但许多女子由于担心力量练习会造成发达的肌肉堆积，而不敢进行肌肉力量、耐力的练习。男子、女子力量练习反应效果的基本差别在于肌肉的肥大程度。采取常规的负重练习12周，以力量增加的百分比为标准，女子力量增加明显大于男子，但不一定伴有明显的肌肉肥大，然后力量的增加达到高原期。若继续进行力量练习，力量增加则不明显。但在长期负重练习后，男子的肌肉体积增加大于女子。

第二节　健康锻炼与社会适应

体育锻炼能够提升人们适应社会的能力，而自身特点同时影响着这一能力。通过积极地参与到体育锻炼中去，并在此过程中不断提升自己适应社会的能力，提高与人相处的能力。

一、体育锻炼可以培养适应社会需要的价值观

通过价值观念集中体现文化精神，指的是对于社会经济活动，人们价值的判断以及取向。

（一）体育锻炼，促进人们和平相处

在体育中，竞争是公平的，且是有一定规则的。在友好氛围的基础上，竞争者进行相互切磋与交流。鉴于此，通过体育提高人们的和平观念，进而使人们的和平行为进一

步规范，体育使人们的和平价值取向逐步养成。

（二）体育锻炼处处体现着自由和平等

不论是从体育的内容还是从体育的要求看，人人都平等地享有拥有权，使得人的尊严和权利得以实现，处处都体现了人人平等的原则，进一步让参与者在参与过程中感受到自由性。体育的平等观念，深刻地影响着人们的平等观念，并以这种观念处理日常生活的各种事情，从而使得人们的观念以及行为都以人与人平等为标准。

（三）体育锻炼能体现出付出与收获的关系

通过锻炼取得收获，可以让人们最为直接地感受到有付出就会有收获的喜悦，进而培育人们不断进取向上的人生观。

（四）体育锻炼可以培养人们崇尚知识崇尚人才的观念

体育竞赛是公平的竞赛，对于每一位运动员来说，他们除了考虑速度的竞争外，还要考虑力量以及战术的竞争，实践与理论相结合。因此，人们在不断取得体育胜利的过程中，明白崇尚知识和人才对于取得成功的重要性。正是因为在进行体育锻炼的过程中，上述优秀的价值取向可以被人们所学习，因此，人们适应社会的价值观会在体育锻炼的全过程中逐步形成以及提高。

二、体育锻炼可以培养适应社会需要的竞争意识和竞争手段

所谓竞争，就是通过与人进行比赛从而获得自己想要的东西。现如今，不同行业的竞争在社会不断发展的基础上越来越激烈，想要让自己在社会中生存下去，竞争意识就一定要培养出来，并具有相应的竞争手段。

（一）体育竞争是以实力而获胜

人们只有不断努力，提高自身技能水平，进一步在技术意识方面以及团队精神方面有所认识，并抓住机遇，才能最终获得成功。

（二）体育的竞争体现公平性

在进行每一项体育赛事时，都会有相关的规则程序，而且非常严密以及严格。除了个体在身体心理上的问题外，其余都必须平等，从这方面来看，体育竞争使得所有参赛者都培养了公平竞争的意识，并且教育他们要在生活中像体育一样利用公平的方式去对待竞争。

三、体育锻炼与协作意识、社会角色、个性形成及人际关系

（一）体育锻炼促进协作意识和协作能力的形成

在体育众多的意识当中，就包含协作意识。通过人与人的相互协作与相互配合，共同朝着一个方向努力，将会发出巨大的能量，而想要形成以及保持好坚强的集体，就要求全体成员的群体精神以及协作意识足够强。体育运动所具有的特点之一就是集体性，而这也为提升学生协作与群体意识搭建了平台。不论参赛的形式是个人还是团队，体育对于参赛者的协作意识的要求是很高的，不仅要有熟练的协作行为，还要承担对应参赛角色的相应权利义务以及相应责任。形成协作意识是需要日积月累的，通过结合相关的体育竞赛以及体育锻炼，并持续进行锻炼，进而在这个过程中培养以及增强协作的意识，使得这种意识生活化，成为学习、工作的一部分，进而提高社会适应能力。

（二）体育锻炼能够促进写作能力的提高

人们对人才的基本要求是具有较好的协作能力。当前各个学科出现了高度分化的情况，互相渗透，互相综合。随着不同学科研究的不断深入，各个学科的发展方向不断趋向于发展交叉学科，所以，所有参与者都需要有与人协作的能力。但在体育锻炼中，其交往方式较为特别，对于培养现实生活中的协作能力，如协同能力、配合能力、待人接物方面的能力以及心胸和涵养等。

（三）体育锻炼可以形成社会需要的个性，并胜任社会角色

通过体育锻炼，可以影响人的有机体，受到影响的不仅是人体的心理属性，而且是生理属性，使得人们的身心朝着更加健康的方向发展。除此之外，现代体育的作用还在于可以当成社会教化的手段，推动个性的形成和个性的发展。

（四）体育锻炼所固有的特性，直接影响着人们形成适应社会需要的个性

所谓个性，指的是在个人的心理素质以及生理素质的基础以及相应的社会条件下，经过不断地实践以及陶冶，从而逐步形成的具有个人特点的行为、习惯、观念以及态度等。它是稳定心理素质以及社会行为特征的合集，个性决定着人是否能被社会接受和是否能够适应社会。人的性格、能力以及气质都属于个性心理特性，人的性格决定着每个人的个性，性格具有多样性，但不论性格属于哪一种类型，体育锻炼与性格的形成有密不可分的关系。

（五）体育锻炼对人的个性形成具有调整功能

在体育锻炼的过程中，参与的不仅包含智力、体力，而且包含行为和感情，此外，

在技能投入和体能投入方面的要求也较高。鉴于此，人们在体育锻炼的过程中，一定要接近或者是去突破自身的极限。而通过感受这一过程，让所有锻炼者寻找到自身的长处以及短处，并下定决心要通过某一方式将自身长处稳定发展下去，改进自身短处。因此，人们在体育锻炼的过程中，不断提升自我意识、自我认识，不断自我发现以及自我改造，形成及发展个人的性格，进而实现人的社会化。

（六）体育锻炼对人的个性形成具有约束作用

在进行体育锻炼时，尤其是集体项目的锻炼，约束作用更强。在人们参与活动的过程当中，或多或少都会受到团队活动的限制以及约束，并主动地接受团队活动中的督促以及激励。在关注所有参与者适应群体的需要时，除了要求有技术技能外，还包括精神技能。为了让自己能够取得和自身能力相适应的地位，参与者通常会全力以赴。

（七）体育锻炼可以使人形成积极向上的个性

在参与到体育锻炼的时候，参与者会下意识地对其个性进行一定的调整，对体育锻炼表现出一定的自觉性，通过这种方式实现其身体素质的提高，并学习相关的技能。但是，在实现这个目的的过程中，需要长期不断地练习，经历各种磨难，并在这个过程中实现自身水平的提升。这种永不放弃、勇于进取的精神对参与者的个性产生重要影响。

（八）体育锻炼可以培养人们具有丰富情感的个性

人们的情感是与之相对应的，其具体的表现是：人们具备一定的责任感，有一定的道德底线，对喜爱的事物勇于追求。同时，当代人们还具有移动感和转移感，这种情感在人类感情中属于等级比较高的一类，人类的情感要随之更加丰富多彩。人们在进行体育锻炼的时候，常常会随之产生对应的感情，比如说自我意识感和主动积极感，又因为体育运动具有一定的团体协作性，因此人们可能会产生相应的群体约束感。在这些情感的推动下，实现人们行为动作的规范性，使其向着统一的目标前进，并在其推动下使得参与其中的人们拼尽全力，为了实现自己的目标，不断地奋斗。由于其中的移动感具有一定的复杂性和快速性，无论是成功后的欣喜还是失败后的挫败，都可以让人们在这个过程中体会人生的各种滋味。

（九）体育锻炼是培养人们胜任社会角色的有效途径

基于相关的体育活动进而组合成对应的社会关系，个人在这个关系中所处的地位即为其在体育活动中的角色。不同的地位将会对应不同的权利义务和行为。以篮球教学课堂中的比赛为例，每个队伍中都有中锋、前锋和后卫等多个角色，在进行比赛的时候，不同的角色都对应不同的位置，而不同的位置又和特定的行为相对应，这些关系通过相互之间的关联、作用将会结合成一个社会联系。在基于体育活动而构成的社会关系中，就获得比赛胜利的权利来说，每个角色都是平等的，在拥有相关的权利的同时，角色也需要履行各项义务，首先必须按照对应的规则展开比赛过程，在比赛过程中应该按照对应的规范标准进行，包括道德方面和技术方面的内容。通常情况下，运动场景的出现都是随着角色学习的过程而发生的。另外，在这个集体中，无论是角色还是其对应的位置，他们相互之间都密切联系，想要达到集体统一的目标，其前提于集体成员认同各个成员个人的能力，通过这种方式对角色的能力起到一定的检测作用，并对其能力的提升起到一定的推动作用。集体的各个成员通过获取集体的认可，确定其在整个集体中的角色地位，进而学习与其角色相关的各项内容，参与者在这个过程中能够深刻地理解社会角色的具体含义。通过实际的锻炼过程，参与者能够明白很多道理。比如说对于社会中的各种角色，只要不懈努力，每个人都是可以成功扮演的，一个人想要改变其社会地位，最主要的一个方式就是通过自身的不断努力。

（十）体育锻炼可以培养良好的人际关系

人生的美好之处体现在人情的美好。人们在丰富自己的人生的过程中，主要方式就是通过丰富人们的人际关系，都应该深刻地了解到，一个人不能与外界隔离，人需要与人交往。

就改善人际关系而言，对其产生影响的要素有很多，最主要的内容包括一个人的沟通能力、理解能力以及是否能够妥当地使用语言等，而体育锻炼则正好对这些因素有直接的影响。因此，必须对体育锻炼的方式予以足够的重视，进而实现人们人际交往能力的提高。

（十一）体育锻炼可以提高人的沟通能力

当人们在与外界互动的时候，其具体的状况能够在一定程度上表现出其生活品质中比较侧重的内容。无论是日常的生活还是工作，其正常进行都与沟通密切相关，这是人们与外界建立友好稳定关系的必要条件。

情感交流的前提是要进行相互之间的互动。一个人想要在这个社会中很好地生存，必须具备一定的沟通能力，在掌握这项能力的时候，可以采取的方式有很多，比如说通过体育锻炼的方式。

与其他教学课程不同，体育教学具有一定的独特性，因为其锻炼过程涉及各种技术活动，其展开过程依赖于教师的详细讲解与动作示范。除此之外，还需要参与体育锻炼的人员进行实际的练习。所以，在实践的过程中，各方面各个阶段都需要进行沟通，无论是矫正动作还是团体的训练过程，都需要参与者与其他的参与者或者是教师进行相关的互动，通过直观沟通，能够实现成员之间进行及时准确的互动，提高其人际交往能力。

（十二）体育锻炼可以增强对身体语言的理解和使用能力

人类在与外界进行沟通时，其中的一个重要方式就是通过身体语言的表达来实现，这是每个人都应该具备的一项能力。人们可以从相关的动作姿势中，提取他们想要表达的信息，进而理解其个人情感。如果不具备这个能力，在与人沟通的过程中，就很有可能忽视别人的身体语言，在交流的过程中就会因为没有及时地提取对方表达的信息，不能将对应的信息反馈给对方，整个沟通过程就会出现障碍，影响人们之间的有效交流。在社会文化中，体育是其中的一个主要内容，通过不断地实践和创新，其艺术内涵已经具备一定的丰富性。事实也充分证明，体育运动能够在很大程度上促进人们表达能力的提升，尤其是身体语言，即便是一项非常常见、简单的体育运动，参与锻炼的人员在身体的协调性方面都能够取得一定的进步。可以认为，通过体育运动，人们的身体语言可以得到充分的发展，有利于其人际交往过程中语言表达能力的提升。

（十三）体育锻炼可以改善自我意识水平、移情能力和社交能力

学生需要及时地进行自我意识的体会，然后根据自己的判断对相关的动作进行一定的改动，并在这个基础上对比赛的策略进行对应的调整，这个过程就是一种自我意识行为。在实际的社会交往中，将之合理运用，就能够将别人对自己的反馈信息进行准确的判断，进而实现自身社交能力的提升。

第四章
科学的体育锻炼

第一节　科学体育锻炼的内容

人们只有根据运动健身固有的规律，按照一定的原则，选择有效的锻炼内容和适当的方法，才能达到健身的效果，获得最佳健身结果。

科学体育锻炼原则是人们谋求最佳锻炼效果的经验总结，是从事科学体育锻炼者必须遵循的准则。科学地进行体育锻炼，能够促进身体的生长发育，改善各器官和系统的功能，全面提高身体素质，提高身体基本活动能力，增强人体适应各种自然环境和抵抗疾病的能力。科学的体育锻炼要遵循以下两个原则。

一、自觉积极原则

自觉积极原则，是坚持科学体育锻炼的基础性原则。这是由于科学体育锻炼促使体质增强，是一个长期积累和逐步提高的过程，也是人们不断克服自身惰性的过程。

二、全面发展的原则

全面发展原则，指的是科学体育锻炼中，必须使身体的不同部位得到全面的锻炼，尤其是性质不同、内容不同的运动，唯有如此，才能满足人体的全面发展。全面锻炼对于青少年来说，尤其重要。人体是一个有机整体，各器官系统的机能、不同部位的活动之间是相互联系、相互制约的关系。尽管各种体育项目对机体都能产生良好的锻炼效应，但由于动作特点的差异，对身体的全面发展都有一定的局限性。全面体育锻炼通常是选择一些功能较大的体育项目为主，并辅之以其他的项目同时进行。

第二节 身体素质的体育锻炼

一、身体素质的概念

在运动过程中，人体所表现出来的力量、耐力、速度等身体的基本状态与功能，有赖于人体各个与运动相关的器官的综合协调，也包括专业运动员处于特定环境中所表现出来的运动能力。对于身体素质的表现与评价需要从多方面着手进行，大致可以分为普通身体素质与专项身体素质。

二、身体素质的测定

利用场地器材或仪器并结合实验方法，对人体的基本活动能力及人体机能在肌肉工作中反映出来的力量、速度、耐力、灵敏性、柔韧性、协调性和平衡性进行测试与评定，是体育测试中的基本内容，也是体质研究中的重要组成部分。

通常采用的各项身体素质的简易测试指标有：

一是力量素质：握力、臂力、引体向上、曲臂悬垂、仰卧起坐，另外反映爆发力的还有弹跳力和投掷力。

二是速度素质：30 米途中跑、50 米跑、100 米跑及快速敲打。

三是耐力素质：长距离跑或定时 5 分钟和 12 分钟跑。

四是灵敏性素质：100 米 ×4 往返跑、左右横跨、无平衡性走平衡木、单脚站立等。

三、影响体质的主要因素

（一）体质受到遗传因素影响

在影响人体发育的各种因素中，遗传因素具有决定性的影响，它决定了一个人未来体质的强弱。人体的形态结构、神经类型、有氧代谢功能和最大摄氧量等因素，在很大程度上都是由遗传因素决定的。在充分认识到遗传因素对人体体质发展所带来的重要影响的同时，也应当清醒地认识到遗传与变异的客观规律，从而利用体育锻炼促进体质不断提高。

（二）体质受到环境因素的影响

人类的生存与发展离不开自然环境与社会环境，这两大要素是人类赖以生存的必备条件，同时也对人体体质的发育带来重要的影响。不同自然地理环境对人体体质的发育发展也会产生不同的影响，生活在高原地区与平原地区的人体质有着明显差别。

（三）体育锻炼对体质的影响

进行科学的体育锻炼能够有效改善一个人的体质，促进身体健康发展。体育锻炼可以提升人的神经系统、循环系统与呼吸系统的功能，对于提升人的环境适应能力与抵抗疾病的能力具有重要的作用，所以体育锻炼是提高人的身体素质的最重要的方法。

四、体育锻炼与身体素质发展的年龄特征

身体素质是随年龄的增长而变化的，它的发展有明显的年龄特征，特别是在青春发育期，各种身体素质指标增长迅速，各年龄组的差异也十分明显。与此同时，各项身体素质的发展对不同的性别也有不同的发展敏感期。

五、体育锻炼与身体素质发展和形态机能发育的一致性

身体素质的改善和形体机能的发育具有相互影响与相互制约的联系，最明显的特点表现在增长速度的一致性方面，从儿童、少年与青年三个阶段来看，身体素质的提高与形体机能的发育始终是一种相互关联的关系。

了解和掌握形态机能发育和身体素质发展的一致性，就可以使体育锻炼在促进形态机能发育的同时，重视身体素质发展的阶段性和年龄特征。在体育锻炼中遵循人体机能活动的规律，与身体素质发展的阶段性和敏感性协调统一起来，使两方面相互带动、相互促进、相互发展。

第三节　体育锻炼计划的制订

科学的锻炼方法需要制订体育锻炼计划。在锻炼开始时，根据锻炼目的选择能够反映体质状况的目标，进行准确的测量，作为确定锻炼内容方法及运动量大小的依据。经过一段时间的锻炼，检测锻炼效果，评判锻炼是否达到了预期目标。在制订体育锻炼计划时，应当着重考虑以下因素。

一、制订锻炼计划需要考虑的因素

（一）运动计划要修订调整

运动计划在实施的过程中应当适时地进行调整，使其更加符合使用者的自身情况。相关方面的运动计划应看作制订运动计划的指导原则，或者锻炼者根据自我状况调整运动计划使之成为符合锻炼者条件的计划。

（二）全面性和长期性

在制订运动计划时，应当对需要重点培养的能力或需要塑造的身体部位加以重视，同时综合衡量身体的全方位锻炼，使身体的局部适应各机体。除此之外，运动计划的实施必须坚持持之以恒，长期进行。

（三）保持安全界限和有效界限

有效界限指的是能够实现最低锻炼效果的最小运动负荷，而安全界限指的则是在确保没有危险的情况下所能负载的最大运动量。在安全界限和有效界限之间的这一范围内制订的运动计划是有效的。对于体育锻炼者来说，唯有承担了一定的运动负荷才能起到良好的锻炼效果，但是运动负荷超过一定的限度也会对身体造成伤害，因此应当合理地掌握安全界限与有效界限的边界。

（四）体质基础和运动效果的特异性

在运动的过程中，身体对于不同运动种类与运动方法的适应性存在差异，这被称为运动效果的特异性。一般认为，运动效果存在特异性，因此应当按照运动的目的科学地选用运动的方式。要想提升身体的整体素质，应当首先对自己进行锻炼的目的和意义有一个清晰的了解，其次需要了解什么样的锻炼方式适合自己的身体、什么样的方法有利于自身体质的提升。

二、制订运动计划的步骤

（一）提前掌握相关信息

在制订运动计划之前，应当对体育锻炼参加者的基本情况进行大致的了解，了解的内容主要包括外部环境信息与运动者个人信息。运动者外部环境信息主要包括其工作或生活环境、家庭经济状况、可利用的运动设施情况等。运动者个人的信息包括运动的目的、是否患有疾病、之前的运动状况、运动喜好等。

（二）进行健康体检

运动计划的制订应当关注运动者个人的健康状况，可以提前对其进行相应的健康检查，以确定其是否患有不适宜运动的某种疾病。健康检查的内容包括心电图、血压、肝肾功等指标。与此同时，还要对运动者是否具有遗传病史和当前的身体情况进行询问，确保其没有相关不适应体育锻炼的心血管疾病等。

（三）运动负荷试验与体力测验

制订运动计划需要对运动者进行运动负荷试验，目的是发现运动者的身体是否患有疾病和承受负荷的能力。测试负荷可以使用的方法有很多，应当按照检查的目的以及运动者的自身情况来确定科学的方法。当前比较常用的方法有递增负荷试验，这种方法需要利用功率自行车等道具，对运动者试验期间逐步加大运动的负荷，同时对运动者的某些生理指标进行测量，直到接受测试的人达到一定的用力程度。体力的测验包括对运动者爆发力、柔韧性等与运动能力相关的身体指标进行测验。测量最大摄氧量是测验体力的最好方法，但是这一方法对于技术与设备的要求较高，对于普通运动者不太适用。当前，12 分钟跑步法与台阶试验法是使用较为普遍的体力测验方法。

（四）制订运动计划

在具体制订运动计划的过程中，应当充分考虑以下五方面的要素：运动频率、运动强度、运动时间、运动项目、注意事项。

（五）反馈调整

在实施一段时间以后，应及时对不适用的部分进行调整，使运动计划更具有针对性和实效性。

第五章
体育锻炼的实践方法

第一节　健步走与健身跑

一、健步走的科学锻炼方法及注意事项

（一）健步走的科学锻炼方法

1. 快步走

动作要领：没有时间运动的同学，可以在上下学的路上、课间去走路健身。一般健身走每次在 30 ~ 60 分钟为宜。实在没有大段的时间去锻炼的，也可以每次走 10 分钟，每天加起来至少 30 分钟的走路运动。这里说的快走健身，指每小时走 5 ~ 6 千米（每分钟走 100 ~ 120 步）、一周坚持 5 ~ 6 次的健步走。走的时候感到气喘，但是还能说话，这种强度就比较合适。

2. 摆臂大步走

动作要领：走路时，双臂大幅度地前后摆动，心跳容易加快，可以对心脏产生良好的锻炼效果。而且，走的时候上肢大幅度摆臂，腿在大步快速迈进，这样上下相随，全身肌肉骨骼都运动起来，因而可以达到舒筋活血的目的。

3. 原地踏步走

动作要领：在室内或者室外任何地方，原地抬腿踏步走，可以把大腿抬高些踏步走，两臂注意摆动。

4. 越野杖行走

动作要领：行走的时候借助两只手杖，使人在行走过程中实现四肢同时参与运动。越野走比散步有效，比慢跑安全，是健步走的升级版。

5. 倒步走

动作要领：小腿带动大腿，小步往后退；腰背、脖颈要挺直。倒走时要全神贯注，眼睛左顾右盼，掌握身后道路的基本情况。这项活动很适合那些不宜做剧烈运动的人。如果在从事其他运动锻炼后采用倒步走，还有助于调节心情和促使身体疲劳的自然恢复。

（二）健身走运动注意事项

1. 准备工作要细致

一是选一双合脚的软底运动鞋。如是专门的跑鞋更好，这样可缓冲脚底的压力，以防不太运动的关节受到伤害。

二是穿一套舒适的运动装。这样能让自己的心情和身体放松，从繁忙的学习生活中走出来。

三是选择一条合适的运动路线。可以是公园小径、学校操场、住所附近，甚至上下学的途经小路。在运动中人体耗氧量会增加，如空气不好，或有废气等污染物，反而会使运动效果适得其反。

四是时间要恰当。长走锻炼的时间最好选择在每天太阳升起以后，下午 3 点也是最佳的锻炼时间。长走运动不能等同于平常的走路、散步或逛街，每周锻炼至少 3 次，并且每次不能少于 30 分钟。

2. 动作要规范

长走前一定要做一些准备活动，如轻轻压一压肌肉和韧带，做一些下蹲运动等，让自己的心脏和肌肉进入运动状态。健步走时步幅应略大，挺胸，收腹，目视前方，上半身略向前倾，双臂自然在身体两侧摆动，注意力集中，呼吸自然均匀。长走开始后不能随意停下，直到锻炼结束。长走健身运动要循序渐进，运动强度应由小到大，运动时间由短到长。运动后别忘做一些放松运动。

二、健身跑的方法及注意事项

健身跑是一种大众化的健身手段，技术要求简单，对服装、器械和场地无特殊要求，正因为如此，健身跑受到越来越多人的青睐。要想达到良好的锻炼效果，有必要了解健身跑的一些基本知识。

（一）健身跑的方法

健身跑时，两臂摆动维持身体平衡，帮助两脚蹬地和摆动，使跑速加快。摆臂稍高于躯干，自然放松前后摆动，并尽量做到前摆不露肘、后摆不露手。两脚后蹬时应积极用力，踝、膝、髋三个关节充分伸直，腿的前摆可加大跑的步伐。前摆时，大腿向前上方抬升，并带动髋部尽量前送，小腿放松顺惯性向前自然折叠。

正确掌握一些跑步时的呼吸方法，能在跑步的过程中拥有轻松的感觉。最好的呼吸应是口鼻同时呼吸。跑步初始，速度较慢，身体对氧气的需求量不大，可用鼻子呼吸。随着跑步距离越来越长，身体对氧气的需求量就会增加，此时，光用鼻子呼吸已经不能满足氧气供给的需要，容易引起呼吸肌疲劳，需要嘴与鼻子协同配合来增加氧气的供应，缓解呼吸肌的紧张感。冬季，因外界气温较低，与口腔内温度形成较大差异，用嘴呼吸时要有一定技巧：让嘴微张，舌尖顶住上腭，让冷空气从舌尖两旁绕路吸入口腔，对冷空气有个加温过程，避免直接吸入气管，引发咳嗽、不适。呼气时，舌尖从上腭松开，让热空气顺利从口腔中吐出。

加速跑时从调整呼吸开始，一般采用两步一呼，两步一吸，加速时，要进行深呼吸，将步频加快，呼吸调整为三步一吸、三步一呼，通过改变频率来提高速度。疲劳时通过呼吸来缓解。跑一段时间后，就会出现呼吸困难、胸闷气短、腿脚无力、跑速下降，产生难以继续跑下去的感觉，这就是通常所说的"极点"现象。出现"极点"时，减慢速度，加深呼吸，帮助氧气与二氧化碳在肺泡充分经行交换，增大交换面积，减轻不适感。通过主动调整呼吸可以帮助人迅速度过"极点"，继续维持运动。经过一段时间，这种现象就会减轻，身体机能就会得到好转，出现"第二次呼吸"，这时需要调整运动强度和呼吸频率。

（二）健身跑的注意事项

1. 做好充分的准备活动，掌握合理的技术和呼吸节奏

跑步前的准备活动必不可少，正确的做法是先快走或慢跑至微微出汗，然后拉伸肌肉和韧带，活动全身关节，再进入正式的长跑练习。跑动中，脚的着地点应离身体重心投影点较近，以脚的外侧先着地，再过渡到全脚掌，着地动作柔和而有弹性，膝部适当地弯曲缓冲，两臂自然摆动，幅度不大。呼吸的节奏要和跑速相协调，一般采用两步一吸、两步一呼或三步一吸、三步一呼，呼吸要有适宜的深度。

2. 循序渐进，量力而行

健身跑属于耐力性项目，持续时间一般在 30 ~ 40 分钟，它对人的呼吸系统和循环系统要求较高。因此，练习者在锻炼时必须由慢到快、由短到长，循序渐进。

3. 选择良好的环境进行练习，做好防护和放松工作

遇到大风和大雪天气，应选择室内练习，以免发生危险。另外，练习者应选择适宜的衣服和鞋袜，夏季戴太阳帽和墨镜，以避免太阳直射；冬季要戴帽子、手套，以防冻伤。跑步之前不宜大量进食，否则会引起胃部不适。运动后不宜洗冷水澡，容易使身体抵抗力降低，引起疾病。不宜吃冷饮，以免引起胃肠痉挛、腹泻、呕吐，易诱发胃肠道疾病。

练习后要擦干身上的汗水，换好衣服，注意保暖，以免受凉感冒。在每次运动结束后，要继续慢跑一段时间，使身体逐渐安静下来，做适宜的放松、整理活动，有助于消除疲劳，快速恢复体力。

第二节 休闲的球类运动

球类运动种类繁多，因其灵活简便的特点而深受学生的喜爱。球类运动不仅能提高人体力量、弹跳、速度、灵敏、耐力等身体素质，而且能提高人体中枢神经系统和内脏各器官的功能，增进身体健康；也可以培养学生勇敢顽强、机智灵敏、吃苦耐劳、遵守纪律、团结友爱的品质。所以，大力发展球类运动对于提高学生的整体身体素质有着积极的作用。

一、棒球促进学生体质健康的锻炼方法

（一）趣味训练法

学生时期是人的一生中最活跃的阶段，精力充沛，兴趣广泛，好学重实践，在棒球教学中，将游戏和棒球训练融为一体的趣味训练法效果最佳。采用这种方法可以培养学生的兴趣，使他们热爱棒球运动。

第一，趣味训练法是针对课时少、课次少的特点的训练方法，能使学生们的训练在快乐和兴奋中完成，提高训练效果。

第二，所有的初级训练都在竞争性游戏中进行，可培养其竞争能力，培养争强好胜的个性和集体观念。

第三，在趣味训练的过程中，最易发现学生的运动天赋，因为在游戏中他们的天性、智力、才能最易显露，所以应加大重复性训练来获得技术动作的认知。

第四，学生的身体条件不一，但属于出力长力阶段，课上可安排一定强度与密度的身体素质训练，把一般的素质训练和技术训练融进游戏中完成。

（二）规则超前训练法

棒球运动可以说是规则的竞赛，学生队的棒球比赛尤其是这样。规则越熟，战术越精，比赛中运动员越可以自主地抓住战机。初学棒球的球员，在学基本技术的同时应重视棒球规则的学习，教练员应利用形象直观的场地做教具或画图（可自制磁性示教板，用不同颜色的棋子表明球、击球员、跑垒员、防守队员等）进行规则讲解、战术演变的由来等，

首先要求教练员熟练地掌握和运用规则，而且把规则归纳分类，由易到难，由浅入深，便于学生理解、记忆和掌握。重要的是讲明为什么这样制定规则，印象会更深；每次规则课以前，用十几分钟时间采用口头提问的形式检验学习效果，不断强化规则，而且都要评分和给予恰当的评语，以激起队员学习规则的积极性。其次是在实践中熟悉规则，可把教学比赛变成单项规则的竞赛，如跑垒比赛、触击球战术比赛，以此来强化某一特定规则。

（三）综合训练法

集基本技术、战术配合、身体训练为一体的训练方法，以克服训练中教练少、时间短的难题，提高训练效果。棒球的"灵魂"是平衡能力，接球、传球、击球、跑垒滑垒充分体现平衡的重要性，在复杂激烈的比赛中更是如此，而心理的平衡起着决定性作用。所以在整个训练过程中都要围绕"平衡"来进行。要达到这种地步，首先要让学生们树立时间、空间、速度三个概念，只要这样，才能使他们真正具备平衡能力，熟练地运用技术。

（四）全方位训练法

初级训练的学生，应在全面掌握基本技术的基础上进行全方位（每个位置都学）训练，目的一是提高兴趣；二是观察每个学生的特点，培养他们的个性，再结合实际需要逐步选定适合他们的位置，这样每个队员可以掌握两个以上位置的技术，10个人就可当成20个以上的队员来使用，就是说大大地增强了实力，教练员使用队员就可得心应手，选择的余地会更大。

（五）具体训练方法

首先，让每个队员在每个位置上都训练，使其了解每个位置的不同技术、战术变化的区别和规律，这样每个队员都能熟练地运用规则和战术，比赛中就可发挥出巨大的威力。其次，通过全方位训练，使队员掌握球性和棒球运动规律，树立清晰的时间、速度、空间概念和灵敏的感觉，就会迅速地提高棒球技术与意识。

（六）棒球知识技能竞赛法

除日常的教学训练学习外，利用周末、假期等时机，进行棒球专项知识竞赛（内容包括基本技术、战术、规则、发展史、现状、发展趋势等）或进行棒球专项技能比赛（内容包括投远、投准、全垒跑计时、轻打—弹球比赛、抛击打远比赛、防守位置比赛、教学比赛等），优胜者奖励有意义的纪念品。

（七）以老带新教学法

棒球训练中队员多、教练人手少是一大困难，用高年级球员辅导新手训练有三个作用：

一是选品学兼优的球员来带新手，按照教练的训练意图完成训练任务，可大大减轻教练工作负担，提高训练效果与教学质量。

二是培养了高年级球员认真、积极、负责的态度。新手融入集体努力认真学习的过程，形成良好的学风、教学。

三是促进高年级球员本身的棒球技术理论的提高与再学习能力的进一步增强。

棒球作为集体项目，团队整体水平高低，主要是看教练员。教练员应在教学实践中，不断地提高自身业务水平，博采众长，通过学习来不断提高球队训练水平。

二、乒乓球促进学生体质健康的锻炼方法

（一）乒乓球对促进学生身体健康和心理素质的研究

乒乓球运动能够促进青少年的生长发育，同时在健智、健心方面有着积极的促进作用。学生通过长时间的乒乓球练习能逐渐呈现较高的智力水平、良好的心理素质、优于普通学生的操作能力、更为集中的注意力。

1. 乒乓球对学生身体健康的影响

（1）参加乒乓球运动能使眼球不断运动

促进眼球内部的血液循环，增强眼神经机能，从而能消除眼睛疲劳或减轻眼部疲劳，使眼睛得到充分休息。眼睛时刻跟着白色的乒乓球不断运动，能缓解眼部肌肉的僵硬不适，颈椎、腰椎也随着球拍的舞动得到锻炼。因此乒乓球运动对青少年的健康成长起着促进作用。

（2）乒乓球是脑力与体力结合的运动

乒乓球小，运动速度快，攻防转换迅速，有很多的技战术打法，既要考虑技术的发挥，又要考虑战术的运用。乒乓球运动中要求大脑快速紧张地思考，这样可以促进大脑的血液循环，供给大脑充分的能量。要想在乒乓球比赛中取得主动，不仅要基本技术好，而且要不断地观察分析，观察对方的站位，分析对手的球路特长和漏洞，具有很好的健脑功能。

（3）这项运动可以提高协调性

乒乓球运动中既要有一定的爆发力，又要有动作的高度精确，要做到眼到、手到和步伐到；提高了身体的协调和平衡能力，极有效地发展了反应、灵敏、协调和操作思维能力。另外，由于该项运动极为明显的竞技性特点和娱乐功能，又使其成为一项培养勇

敢顽强、机智果断等品质和保持青春活力、调节神经的有效运动。

2.乒乓球运动的心理分析

（1）乒乓球运动锻炼学生的心理素质

参加乒乓球运动是调节学生心理的一个很好的途径。学生每天从事一两个小时的乒乓球运动，在活动中消除学习中的烦恼、焦躁等不良情绪，是学生心理健康形成的重要手段。

（2）乒乓球运动促进学生注意力全面集中

注意力是指人的心理活动对外界一定事物的指向和集中。注意力分散是学生的普遍问题。研究表明，打乒乓球可以使视线长期跟随一个物体转移，是提高持续性注意力的最好办法。

（二）乒乓球运动应注意的事项

第一，乒乓球运动简单易学，但要达到一定水平很有难度，要有一定的毅力和耐力。练习乒乓球时要由易到难、由简单到复杂，循序渐进。

第二，乒乓球拍子很重要，胶皮有正胶、反胶，握法有直拍握法、横排握法，充分了解这些知识，将有利于乒乓球技能的提高和掌握。

第三，舒适的运动鞋、合身的运动衣都是参与乒乓球运动所必需的。

三、网球促进学生健康体质的科学锻炼

（一）网球运动概述

1.网球运动对学生身心健康发展的影响

现代社会的迅速发展和社会竞争的不断增强，使社会对学生的要求越来越高。社会的发展要求学生不仅具备扎实的专业知识，而且具备良好的身体素质和良好的心理素质。

2.网球运动的特点及魅力

网球运动符合学生健与美的需求，能够促进学生的身心健康，有助于提升学生的全面素质和生活质量。网球运动是一项无论性别差异、无论年龄大小，都能在同一场地上按同样的规则来进行的运动项目。网球的击球动作舒展、优美、大方，给人以美的享受。它集和谐性、趣味性、技巧性于一体，是适合不同年龄男女学习的有氧运动。

3.网球运动的礼仪和发展状况

网球运动中的很多礼仪，使观众和运动员更能愉快地享受网球运动的乐趣，使网球运动显得文明高雅，陶冶情操，提高修养。近年来，我国网球事业有了长足的发展，场地数量、参与人数、竞技水平都有了很大程度的提高，同时举办比赛的档次都在逐年提升。

但是从网球运动的普及程度、网球运动的整体水平来看，我国与其他国家仍有着很大的差距。而学生是影响社会潮流的主力军，通过在学校大力开展网球运动，提高学生的兴趣和技术水平，可以提升社会对网球运动的关注程度，从而提高我国网球运动的普及程度和整体水平，促使我国网球运动事业快速发展。

4. 网球运动与身体、心理健康

网球运动能根据参加者的身体条件、技术水平、年龄大小等不同因素来选择运动量的大小，这项运动对学生是适宜、可行的。参加网球运动后，食欲、睡眠有明显的变化，精神饱满，体重减轻，心血管系统各功能表现出良好的状态，体质较同龄人有明显的优势，对疾病的抵御能力增强。此外，网球运动能增强自信，克服自卑心理。

5. 网球运动与个体社会化、人际交往能力

体育运动的特点除了竞争之外，重要的还在于团体内部的合作和友谊，网球运动已超越了运动本身而衍生为一种人与人之间加强交流、增进感情的重要手段。开展网球运动有利于培养学生的综合素质和能力。在学校开展和普及网球运动，不仅能促进他们的身体和心理健康的发展，而且能促进我国网球事业的发展。建议学生业余时间积极参加网球运动，多关注国际网球比赛。经典的网球比赛既赏心悦目，又能提高我们的技战术水平，可以通过比赛来学习优秀选手的握拍、击球、步法、技战术的运用以及比赛时的心理反应。观看比赛时，同学之间也可以通过讨论来发表自己的见解以达到交流的目的。

（二）学生参与网球运动的对策研究

1. 加大对网球运动的宣传推广力度

学校应加大网球运动基本知识的宣传范围和力度，加强学生对于网球运动的认识，使更多的学生了解网球运动。广泛宣传网球运动，传授网球运动的基本知识和价值功能，学校有关部门可以采用广播、网球专家举办讲座、学校内部和学校之间进行网球运动竞赛、趣味网球课外活动等形式进行全面影响，既可以让学生更多地亲身接触和了解网球运动，激发学生从事网球运动的兴趣，同时也可以影响更多的学生去亲自尝试网球运动，从而体会到网球运动的独特魅力，提高学生对网球运动的认识，使学生真正意识到参与网球运动不仅能锻炼身体、增强体质、拓宽兴趣爱好，了解并掌握最新的体育运动，建立更多的人际关系，培养良好的行为道德规范，而且对以后融入社会也能起到极大的帮助作用。

2. 加强重视程度，营造校园网球文化

网球运动独有的特点和高雅的属性正好与学校校园学术文化气息相契合，不仅可以丰富学生的课余生活，而且可以提升学生的生活质量。主管部门应加强宏观调控，有计划、

有步骤地对学校网球场地设施进行规划。校园网球文化是学校体育文化重要的组成部分，一个学校体育活动开展得如何，不仅反映一个学校的整体精神面貌和校园文化的氛围，而且显示着一个学校的办学竞争能力。

3.加强各种层次的竞赛交流

学校之间可以定期举行网球交流联谊活动或者网球竞技竞赛，在互相交流学习的同时扩大网球竞技竞赛在学校的影响。赛事本身也可以吸引更多人的关注，从而增加赛事在学校内的影响，吸引更多的学生来关注和参与。

4.加强学校网球运动的设施建设

学校应加强对场地的定期维护，实施科学的管理，提高场地的使用率，在保证网球基本教学、训练工作顺利进行的前提下，应该充分利用课外活动时间、节假日时间对学生进行开放，可以灵活多样地选择开放的方式，也可以通过适当收费的服务方式向广大师生开放，以收取的费用来维护场馆的设施。有条件的学校还可以利用企业赞助或合作等形式，多渠道、多形式筹集资金，改善网球教学相关场地设施和周边训练环境，结合本地气候特点，增建更多室内网球场地，使学生可以最大限度地进行网球运动。

（三）学生网球运动的练习方法

1.正反手击球

把墙划分为几个随着技术动作不断提高而减少或变换的区域。假设不同方位的队友，在控制运动强度和练习难度的教学过程中，它既满足了发展学生的速度、灵敏、协调、判断能力的要求，又使学生熟悉了球性，这样，学生就可掌握正反手击球的技术动作。

2.截击球技术

这项技术的特点是距离短、球速快、反应时间短，要求学生由易到难逐步提高。握拍时可先采用短握拍形式进行，初练时击墙的高度略高，距离放远，同时与反弹球结合进行，让练习者有足够的时间完成动作。同时结合正反手练习，也可与同伴一起进行练习，增强击球的兴趣。

3.发球

发球是网球技术中的一项重要技术。网球发球中的抛球和击球前的球拍在背后的下垂动作是直接影响发球质量的重要因素。墙作为参照物可以让学生抛出稳定的球，在墙上标上一定高度的记号，让学生自我观察上抛球的高度及位置，做必要的纠正。另外，有些学生为了急于打到球而忽视挥拍击球拍子的背后下垂和肘关节高抬的动作，造成勉强击球，使得发球无力，墙可以帮助学生纠正这些动作。让学生持拍一侧的手臂靠墙，使肘关节高抬，上臂内侧贴墙，球拍自然就会下垂在背后，限制错误动作的发生，帮助学生正确掌握动作的稳定性，提高发球质量。

通过以上几个部分的对墙练习，学生不仅从中体验到击球、发球的乐趣，而且进一步掌握网球运动技术，培养对这项运动的兴趣，增强对打时的控制力和自信心。

第三节　游泳

一、游泳运动对学生身心健康的价值

游泳运动不仅是一项竞技运动项目，而且是一项大众体育项目。该项目对性别和年龄的要求较低，是男女老幼都喜欢的体育项目，可使身体各个器官或系统得到锻炼，同时还可锻炼人的意志。

（一）游泳运动对学生身体素质的影响

1.培养学生健身习惯，提高身体素质

养成良好的健身习惯，坚持锻炼、提高素质是非常重要的。游泳属于全身剧烈运动的项目，在一个动作周期中会有大部分时间是在没有氧气的情况下完成的，这样使人的身体机能发生变化，可以提高人体新陈代谢的速度和能量供应水平，扩大身体能量的储存。学生要有健康的体育观念，要达到这个目的，就要从学生喜欢的体育运动出发，培养他们的良好健身习惯，鼓励他们个性发展。要让学生真正理解到游泳运动的真谛，才能树立起终身体育意识和良好的健身习惯。

2.改善身体的机能

经常进行游泳锻炼，可以使呼吸系统、消化系统、心血管系统和身体器官的机能得到改善和提高，促进身体的基本素质得到提高，增强人体抵抗疾病的能力。完成强度较大的脑力工作之后进行适当的游泳锻炼，可有效消除疲劳，恢复健康肌体。

3.减肥和健美形体

游泳是保持身材最有效的有氧运动之一。运动时消耗的热量多，实验证明，人在标准游泳池中跑步20分钟所消耗的热量，相当于同样速度在陆地上的1小时，在14℃的水中停留1分钟所消耗的热量高达100千卡，相当于在同温度空气中1小时所散发的热量。另外，水的阻力可增加人的运动强度，但这种强度是很柔和的，很容易控制在有氧域之内，可以使全身的线条流畅、优美。

（二）游泳运动对学生心理素质的影响

1.游泳运动促进学生良好道德品质的形成

学生在系统教学方法的引导下，逐渐克服了怕水的心理。这种征服个体潜在消极心理的过程，也就是学生掌握自我解脱和救护能力的过程。从内心的认知行为落实到具体的实践行为中，学生不仅体验到应对外在压力的心理适应过程，而且通过行为的实施不断实现着身心的协调，由内及外地形成了具体道德倾向，如在具体学习过程中，形成遇到险情临危不乱、舍己救人的良好品质。

2.培养学生的游泳意识

体育教师通过游泳知识与方法的传授，将学生带入更专业的游泳运动中去。通过游泳实践教学，让学生亲身体会到快乐、自信和成功，使学生从内心深处感受到游泳运动也是人生活中的一种很有意义的运动，从而引导学生形成正确的游泳意识。在游泳教学中，教师要灵活引导学生把强烈的热情带入到生命的意义和价值中去，加强学生的游泳意识。

3.提高适应环境的能力

学生时期是学生学习体育技能、知识，掌握体育运动技能，实现自我完善、社会化的重要阶段。游泳能够提高学生对身体语言的理解和驾驭能力。身体语言是沟通的有效方式之一，是社交过程中必须具备的能力。游泳运动有着独特的动作定式，而且蕴含了其他项目不具备的审美内涵。

4.缓解学习和生活带来的压力

游泳具有健身、娱乐双重功能，可以带给人们愉悦，对于缓解不安、紧张心理有一定的效果，进而实现情绪控制，促进心理健康状况向好的方向发展。

游泳的教学目标应该放在全面健身的基础上来实施，将提高学生的身体素质和心理素质作为目标，为社会创造更优秀的人才资源。要让学生在游泳练习中，体会到游泳运动的效果和乐趣，让学生离不开运动，通过运动可以加强健康，加强人的身体质量和身心素质。

二、初学游泳的学生克服恐惧的方法

游泳不仅能增强体质，而且有利于促进学生智力的提高，有助于学生意志品质及协调能力的形成与发展；同时，学会游泳，学会自护自救，掌握一项最基本的生存技能将使学生终身受益。

每个游泳初学者都会有对水的恐惧心理，恐惧的程度因人而异。如何帮助初学游泳的学生克服怕水心理，是教学中首要解决的问题。

（一）造成初学游泳的学生害怕的原因

1. 环境的改变

游泳时要仰卧或俯卧在水中做动作，完全改变了平时陆上那种习惯的直立姿势，其运动轴、运动面及运动方向也发生了变化。人在水中活动时，由于水的浮力，使得游泳者失去了陆地上的固定支撑，加上水的波动，会使游泳者感到晃晃悠悠，很难维持身体平衡。人在水中活动时要受到水的压力，容易呼吸困难。另外游泳时的呼吸与陆地不同，要求吸气时用口在水面上吸气，用鼻和嘴在水下呼气，并在吸气和呼气之间有一段憋气，还要求呼吸必须在一定动作配合下有节奏地进行。由于水对人体的压力和阻力，人们既要克服水对人体的阻力和压力，又要充分利用水的阻力，用四肢划水使水对手和脚产生反作用力，造成尽可能大的推进力。鉴于以上因素变化，给学生的身体、心理带来各种不适应，以致学生在学习游泳过程中容易出现溺水、喝水、呛水、呼吸困难及肌肉紧张等，从而产生恐惧心理。

2. 水质和水温的条件

满池的水和过低的水温会造成初学游泳学生的不适心理，同时，过低的水温和气温会造成人体体表温度的下降，使人在水中活动出现肌肉僵硬、痉挛、头疼、力不从心等现象，使初学游泳的学生产生恐水心理。

3. 心理素质差

有些学生由于意志较差，缺乏勇敢顽强的精神，虽然掌握了相应的技术，具备了一定的能力，但对日常生活中较少接触的游泳动作，仍然不敢练习，出现犹豫不决、动作失调等现象，结果不能完成动作，从而产生恐惧心理。

（二）恐惧心理的具体表现形式

1. 话多

在水中总是找机会和教师说话，借机会靠在岸边或伏着水线，表面上嘴里说个不停，实际上心里很害怕。

2. 动作急

特别是在游蛙泳时，节奏特别快，生怕沉下去。两手不是在划水，而是在水面摸水。

3. 不翻脚

踝关节僵硬，绷着脚面，甚至用手掰不动。两脚不是向后做蹬夹水的动作，而是像蝶泳似的拍击水面。

4. 不下水

离岸边远远的，无论怎么劝说都无效，严重的甚至大声叫喊。

5. 扶人

特别在蛙泳的练习中，往往是松开手中的浮板，去扶邻近的学员，或者是扶岸边和水线，不相信自己，总想找点儿依托。

6. 缩肩收胯

由于害怕，致使身体各部位均处于紧张状态，肩、肘、髋、膝关节动作不舒展、不放松。

7. 立着游

抬着头，挺着胸，怕头部沾水，导致臀部下降，以至于身体不能漂浮在水中，只能像海马那样立着游。

8. 水中不吐气

因为怕呛水，嘴闭得紧紧的，即使头部进入水中也不张嘴吐气，而是始终憋着气。待头部出水后又吐又吸，造成身体缺氧无力。

（三）有效方法

教师应该让学生喜欢水，建立兴趣与自信。此时动作尚未成形，不能提出过多的技术要求，先让他们在水中动起来。首先，明确学习动机。教师要让学生充分了解游泳在生理、生物力学、心理方面的价值，说明游泳在学校体育、生产劳动、日常生活中的重要地位，充分调动学生潜在的学习需要。其次，加强安全保护。学生心理上有安全感是非常重要的。在游泳教学中，学生如果有溺水的体验，都会给学生造成不同程度的怕水心理及心理障碍，对游泳的教学极为不利。因此，在教学中应尽量避免在学生毫无准备的情况下，突然出现一些强烈的刺激，使学生出现不应有的溺水现象。再次，熟悉水性练习。熟悉水性练习是游泳教学中重要的一个环节，是游泳初学者的必经阶段。通过对游泳初学者进行水中行走、呼吸、憋气、漂浮、滑行与站立等练习，让初学者体会与了解水的特性，逐步适应水的环境，消除怕水心理，培养对水的兴趣，并掌握游泳中的一些最基本的动作，从而建立良好"水感"。初学者通过对水感体会，就会逐渐达到在水中行动比较自由的境地，使学生在心理上从恐惧感转变为安全感，从惧水向爱水转变，进而提高学生学习游泳技术动作的能力和兴趣。最后，有趣的游戏活动。在游泳练习中对学生提出一定的任务，安排一些有趣的游戏活动，让学生在完成任务的过程中体会求知需要。如学习憋气，通过做水下数数、睁眼看同伴做动作、钻杆、钻救生圈等方法，可进一步巩固呼吸方法，提高水下憋气的能力，消除怕水心理，培养对水的兴趣。又如：在熟悉水性时，用扶池边行走、水中睁眼数数、憋气比赛、蹬边滑行比赛、打水仗等游戏练习，使学生从认识水性进而熟悉、掌握、利用水的特性。

在游泳教学中，学生的心理障碍也会对游泳产生一定的影响。要重视应用教学心理法，消除学生对水的恐惧感，教学中必须做到循序渐进，不要急于求成，才能收到较好的效果。在教法上也应该和游戏活动相互交叉进行，应寓教于乐。教学中针对学生上游泳课的心理状态，采用一些行之有效的教学方法，可以改变学生不良的心理状态，激发学生游泳的自觉性和积极性，从而提高教学效果。

三、学生游泳健身方法的探究

（一）学校游泳教学方法的应用特征

随着学校游泳教学的不断认识和不断改革，游泳教学观念逐渐由简单泳姿的掌握到快乐游泳，让学校游泳更加社会化、大众化，易让学校学生接受。所以，学校游泳教学方法正在不断地接受新的元素，逐渐地进行自身的完善。

1. 程序教学法和模式教学法

程序教学法是运用程序教学原理和特点，根据教材内容进行设计和编制，按步骤循序渐进的一种教学形式。有实施程序、检测程序和游泳技术教学程序教材，在教学中会有学生的反馈。程序教学法可以缩短学习时间，提高学习效率。模式教学法是根据游泳教学的一般规律，制订出教某一游泳姿势的计划步骤，确定每次课的主体练习及其规格要求和考核标准，安排一个教学模式进行教学。

2. 游泳教学的分解法和完整法

在游泳教学中，分解法和完整法的单独运用，都存在局限和不足，而这两种方法的组合，则可以扬长避短，使其在教学中充分发挥各自的优势和弥补各自的不足。在游泳教学实践中总结出"完整—分解—完整"的组合教学方法。

3. 游泳教学的讲解法和示范法

讲解法也即语言法，是指教师正确地运用语言启发学生的思维，加深对教学内容和动作要点的理解，促进学生对动作技术、技能的掌握的基本方法。动作示范法是游泳教学中最常用的方法，同时也是最直接和效果较好的一种直观方式。它是教师（或所指定的学生）以具体的动作为范例，使学生了解所学动作要领和方法。示范和讲解有机结合。在游泳教学过程中，示范特别重要，直观地观察动作有利于学生了解动作的实质，迅速、准确地模仿动作。

4. 分层次教学法和分组互助教学法

学生学习游泳的兴趣以及起始水平等各方面存在差异。因此，要根据每个学生的起始水平和主观努力的不同，以及学生在水中的实际技能掌握的程度，有针对性地对学生进行分层次教学。从实践看，根据学生的个体差异实施分层次教学是游泳教学法中一个效果很好的教学方法。自由结合分组互助教学法，将学生自由分组，分成几个小组，进行岸上模仿练习和水中练习，由教师统一指挥，按组进行练习，定量完成教学内容。

5. 游泳教学的练习法和错误动作纠正法

游泳教学中通常采用的练习法包括重复练习法、变换练习法、游戏法和比赛法。水中游戏要考虑学生的游泳基础、教学内容等的实际情况。在游泳教学中，可根据学生的心理特点，采用竞赛性的教学方法，激发学生的学习兴趣和积极性。在游泳教学中，学生动作常会出现缺点和错误，要纠正和改正，否则学生易形成动力定型，会影响动作技能的掌握。纠正错误要抓主要矛盾，对学生的错误认真分析、区别对待，对共性错误集体纠正。

6. 辅助器材和多媒体计算机

教学辅助器材包括救生圈、浮漂、浮板、脚蹼、护目镜、呼吸管、鼻夹、竹竿、哨子等，在教学过程中，不同教学阶段采用不同的辅助工具。针对初学者，一些教学辅助器材是学生必不可少的学习工具。多媒体计算机也应属于辅助器材这一列。教师可以结合动画示范和讲解，学生可以针对自身动作的错误，自行分析和纠正。

7. 深水、浅水教学法

合理利用游泳池深浅水域进行教学。安排具有救生员资质、认真负责的教师作为游泳课教学时段的安全负责人，在上课时合理划分游泳池教学区域和教学时段，统一对上游泳课的教师进行教学时下水出水指挥，监管制止教学时出现的危险行为。

（二）游泳教学中存在的问题与建议

1. 提高教学的自主性

现代教学提倡要提高学生的自主性，让学生能够通过自己研究和思考独立解决问题，这就需要教师在进行教学方法的创新研究时要给予学生足够的机会进行独立研究，建立活跃的课堂气氛。比如在传授蛙泳技术时，教师可以让学生分组练习，并且相互指出彼此存在的问题。在这一过程中，学生可以互相监督，掌握蛙泳的技巧，这种方式要比传统的教师口述效果更好。

2. 各种教学方法的衔接

现有游泳教学方法的论文对各个游泳教学方法都进行了详尽的阐述，但缺乏有机的结合。教师所采用的教学方法应根据不同的时间、不同的教学对象、不同的教学任务有所侧重，各种教学方法有机地结合，更有效地用于游泳的组织教学中。

3. 教学方法的主体

搜集资料发现，有关游泳教学方法的论文对教学对象的学法指导较少。建议教学的过程以"教师为主导，学生为主体"，充分体现学生的中心地位，让其在学习中不断掌握学习方法。毕竟在校学习课时是有限的，学生可以利用自己的课余时间进行游泳的学习。在进行教学时，教师应该处理好与学生之间的关系，让学生成为课堂的主体，发挥学生主动探究和创新的能力，这样才能不断地提高学生的学习兴趣。比如，教师在引导学生练习时，可以让学生自己制订练习方法，然后选择适当的方案进行练习，这样学生能更积极地投入训练课程中。

第六章

体育健康测量与评价

第一节 身体形态机能及素质的测量方法

一、身体形态的测量方法

（一）身高

测试器材：机械式身高计或电子身高计。

测试方法：受检者赤足，背向立柱站立在身高计的底板上，躯干自然挺直，头部正直，两眼平视前方（耳屏上缘与眼眶下缘最低点呈水平位）；上肢自然下垂，两腿伸直；两足跟并拢，足尖分开约60°；足跟、舐骨部及两肩胛间与立柱相接触，呈"三点一线"站立姿势。此时，检测人员单手将水平压板沿立柱向下滑动至受检者头顶；读数时，检测人员双眼与水平压板平面等高。记录以厘米为单位，精确到小数点后一位。测试误差不得超过0.5厘米。

注意事项：

身高计应选择平坦地面，靠墙放置。

严格执行"三点靠立柱""两点呈水平"的测量要求。

水平压板与头部接触时，松紧要适度，头发蓬松者要压实；妨碍测量的发辫、发结要放开，饰物要取下。

（二）体重

测试方法：测试时将杠杆秤或电子体重计放于平坦地面上，调整零点。男性受试者身着短裤，女性受试者身着短裤和短袖衫（背心），站立于秤台中央。用杠杆秤时，测试人员放置适当砝码并移动游码至刻度尺平衡。读数以千克为单位，精确到小数点后一位。

电子体重计读显示数值即可。检测误差不超过 0.1 千克。

注意事项：

受试者站在秤台中央，上、下体重秤时动作要轻。

每天使用杠杆秤时，均须校正，测试人员每次读数前都应校对砝码重量，避免差错。

测量体重前，受试者不得进行体育活动和体力劳动。

（三）胸围

测试仪器：尼龙带尺。使用前必须经钢卷尺校对，每米误差不得超过 0.2 厘米。

测试方法：受检者自然站立，双肩放松，两臂自然下垂，两足分开与肩同宽，保持平静呼吸。检测人员面对受检者，将带尺上缘经背部肩胛下角下缘至胸前围绕一圈。男性和未发育的女性，带尺下缘在胸前沿乳头上缘；已发育的女性，带尺在乳头上方与第四肋骨平齐：带尺围绕胸部的松紧度应适宜（使皮肤不产生明显凹陷）。带尺上与"0"点相交的数值即为测量值。检测人员在受检者呼气末时读取数值，记录以厘米为单位，精确到小数点后一位。测量误差不超过 1 厘米。

注意事项：

测量时，注意受检者姿势是否正确，如有低头、耸肩、挺胸、驼背等状况，要及时纠正。检测人员应严格控制带尺的松紧度。如触摸不到肩胛下角，可让受检者扩胸，待触摸清楚后，受检者应恢复正确测量姿势。如两侧肩胛下角高度不一致，以低侧为准；若两侧肩胛下角的高低相差过大，视为非正常。

（四）皮褶厚度

测试仪器：皮褶厚度计

测试部位：上臂部、肩胛部

测试方法：受检者自然站立，充分裸露被测部位。检测人员用左手拇指、食指和中指将被测部位皮肤和皮下组织捏提起来，测量皮褶捏提点下方 1 厘米处的厚度共测试三次，取中间值或两次相同的值，记录以毫米为单位，精确到小数点后一位。

上臂部测量点：右上臂峰后面与鹰嘴连线中点处：沿上肢长轴方向纵向捏提皮褶。

肩胛部测量点：右肩胛骨下角下方 1 厘米处。与脊柱呈 45° 方向捏提皮褶。

注意事项：

受检者自然站立，肌肉放松，体重平均落在两腿上。

测试时，要把皮肤与皮下组织一起捏提起来，但不能把肌肉捏提起来。

测试时，皮褶厚度计的钳口连线应与皮褶走向垂直。

测试过程中，皮褶厚度计的刻度盘和钳口压力应经常校正。

二、身体素质的测量方法

（一）50 米跑

场地器材：在平坦的地面（地质不限）上画长 50 米、宽 1.22 米的直线跑道若干条。设一端为起点线，另一端为终点线，发令旗一面，发令哨一个，秒表若干块，或 50 米跑电子仪。

测试方法：受检者至少两人一组，采用站立式起跑；当听到起跑信号后，立即起跑，全力跑向终点线。发令员站在起点线的侧面，在发出起跑信号的同时，要挥动发令旗。计时员位于终点线的侧面，视发令旗挥动的同时，开表计时；当受检者胸部到达终点线的垂直面时停表。使用 50 米跑电子仪时，则要求受检者在一侧感应器后起跑，到终点时要全力冲过另一侧感应器，再把显示器上的成绩填入表内。

注意事项：

测试前，检测人员要明确告诉受检者全速直线跑，途中不得串道。

起跑前，受检者不能踩、跨起跑线；如抢跑，应将其召回，重跑。

（二）立定跳远

场地器材：在沙坑（沙面与地面平齐）或土质松软的平地上进行。起跳线至沙坑近端距离不得少于 30 厘米。起跳地面要平坦，不得有凹陷。若是电子立定跳远仪，要输入相应信息。

测试方法：受检者两脚自然分开站在起跳线后，脚尖不得踩线（最好用线绳做起跳线）。两脚原地同时起跳，不得有垫步或连跳动作。丈量起跳线后缘至最近着地点后缘之间的垂直距离。若是电子测试仪，测完后读显示器上的成绩即可。

注意事项：

发现犯规时，此次成绩无效。

受检者起跳前，双脚均不能踩线、过线。

受检者起跳时，不能有垫跳、助跑、连跳等动作。

（三）引体向上（男）

场地器材：高单杠或高横杠，杠的粗细以受检者手能握住为准。测试方法：受检者面向单杠，自然站立；然后，向后摆动双臂，跳起，双手分开与肩同宽，正握杠，身体呈直臂垂悬姿势。待身体停止晃动后，两臂同时用力，向上引体（身体不得有任何附加动作）；当下颌超过横杠上缘时，还原，呈直臂悬垂姿势，为完成一次。

注意事项：

若受检者身材较矮，不能自己跳起握杆时，检测人员可以提供帮助。

测试时，受检者要保持身体挺直，不得屈膝、挺腹等；若借助身体摆动或其他附加动作完成引体，该次不计数；测试时，应有相应的保护措施，防止伤害事故的发生。

（四）1分钟仰卧起坐（女）

场地器材：垫子若干块（或代用品），铺放平坦，或电子仪。

测试方法：受检者全身仰卧于垫上，两腿稍分开，屈膝呈 90° 角左右，两手指交叉贴于脑后。另一同伴压住其踝关节。起坐时两肘触及或超过双膝为完成一次。仰卧时两肩胛必须触垫；检测人员发出"开始"口令的同时开表计时，记录 1 分钟内完成次数。1 分钟到时，受检者虽已坐起但肘关节触及或超过双膝者该次不计。

使用电子仪测量时，被测试者将测试带系于腹部，全身仰卧于垫上，脚插入绑带内，屈膝 90° 左右，两手指交叉贴于脑后。此时，测试者按"确认"键开始测试。在头后到垫上的部位和膝关节垂直面处分别有一红外线感应器，只有测试者头后到两肩超过感应器，前屈时手触及膝部垂直面感应器，显示屏才记数，否则不予计数。

注意事项：

测试时必须两手抱头，前屈肘触膝，后倒肩着垫。

前屈时应腹肌用力而不是颈部用力。

后倒时应避免头后部敲击地面。

（五）握力

测试仪器：电子握力计或机械式电子握力仪。

测试方法：测试前，检测人员根据使用说明，打开电源，检查握力计工作状态。

受检者用有力手握住握力计内外握柄，另一只手转动握距调整轮，调至适宜的用力握距，准备测试。测试时，受检者身体直立，两脚自然分开，与肩同宽，两臂斜下垂，掌心向内，用最大力紧握内外握柄。机械式电子握力仪测试方法相同。

注意事项：

测试时，禁止摆臂、下蹲或将握力计接触身体。

如果受检者不能确定有力手，可双手各测试 2 次，记录最大数值。

每次测试前，须按"按键"清空回零。

应根据每名受检者手的大小调整握距。

握时不可用冲力，也不可第二次用力。

（六）12分钟跑

测试方法：在400米跑道进行，每隔10米或20米设一个标记，测试前做好充分准备活动，10人左右一组，测试者听发令声或哨声开始跑，12分钟一到，测试者鸣哨，被测试者马上停下或在原地走动，测试人员分段记录距离。

注意事项：

跑中调配好呼吸，不要张开嘴呼吸。

应匀速跑，避免全速跑和冲刺跑。

（七）坐位体前屈

测试仪器：电子坐位体前屈计或机械式坐位体前屈仪。

测试方法：测试前，检测人员根据使用说明，打开电源开关。将游标推到导轨近端，当显示屏上显示出"–20.0厘米"或以下数值时，表明坐位体前屈计进入工作状态。

受检者面向仪器，坐在垫子上，双腿向前伸直；脚跟并拢，蹬在测试仪的挡板上，脚尖自然分开，检测人员调整导轨高度，使受检者脚尖平齐游标下缘。测试时，受检者双手并拢，掌心向下平伸，膝关节伸直，上体前屈，用双手中指指尖推动游标平滑前进，直到不能推动为止。此时，显示屏上显示的数值即为测试值。机械式坐位体前屈仪测试方法相同。

注意事项：

测试前，受检者应做好准备活动。

测试时，受检者双臂不能突然前振，不能用单手前推游标，膝关节不能弯曲；

每次测试前，检测人员要将游标推到导轨近端位置。

（八）800米跑（女生）或1000米跑（男生）

场地器材：地面平坦的田径跑道。发令旗一面，发令哨一个，秒表若干块。

测试方法：受检者至少两人一组，采用站立式起跑；当听到起跑信号后，立即起跑，全力跑向终点线。发令员站在起跑线的侧面，在发出起跑信号的同时，要挥动发令旗。计时员位于终点线的侧面，视发令旗挥动的同时，开表计时；当受检者跑完全程，胸部到达终点线的垂直面时停表。

第二节 身体形态机能及素质的评价标准

一、身体形态的评价标准

（一）身高

身高是反映人体骨骼生长发育和人体纵向高度的主要形态指标。通过它与体重、其他肢体长度及围度、宽度指标的比例关系，可反映人的体格匀称度和体形特点，此外在计算身体指数、身高标准体重、评价体格特征和运动素质能力等方面也有重要的应用价值。

一个人的身高，遗传占主要因素，但后天的影响因素也非常大。一般来说，人体形态发育有两个生长高峰期：第一个身高快速增长期在婴幼儿期，即 0 ～ 8 岁；第二个生长快速发育期女子在 12 ～ 15 岁，男子在 13 ～ 16 岁。因此在人体形态快速发育期给予合理营养和进行适宜有效的体育锻炼，是身材增高的一个重要方面。

（二）体重

体重是反映人体横向生长及围、宽、厚度及重量的整体指标。它不仅能反映人体骨骼、肌肉、皮下脂肪及内脏器官的发育状况和人体充实度，而且可以间接地反映人体营养状况。过重可出现不同程度的肥胖，过度肥胖又多是引发心血管疾病的重要原因。过轻，则可作为营养不良和疾病的重要特征。

一般来说，体重与身高、胸围等指标结合评价，反映身体的匀称度，与肺活量、肌肉力量等结合评价，反映人体心肺功能水平。

1. 克托莱指数和维尔维克指数

克托莱指数 = 体重（千克）/ 身高（厘米）× 100

表示每厘米的体重值，用相对体重来反映人体营养状况和胖瘦程度。该指数受身高的影响较大。同年龄、性别的人群中，身体越高，其评价准确性相对越低。

维尔维克指数 = 体重（千克）+ 胸围（厘米）/ 身高（厘米）× 100

该指数主要反映人体的长、宽、围、厚度和密度，也就是身体匀称度，并与心肺机能有密切关系，既可作为营养指数，还能较好地反映体格状况。

2. 标准体重（亦称勃罗克指数）

男性标准体重（千克）= 身高（厘米）–100

女性标准体重（千克）= 身高（厘米）–105

区域性标准体重（千克）=［身高（厘米）-150］×0.6+48

北方人标准体重（千克）=［身高（厘米）-150］×0.6+50

一般人认为，体重超重就是肥胖。实际上，这是一种误解。肥胖的正确概念并不仅指超重，而是指体内脂肪的过度聚集。

（三）胸围

胸围是人体宽度和围度最有代表性的测量指标。它反映胸廓的大小及胸部、背部肌肉的发育情况。由于胸廓里有人体重要器官（心脏、肺），胸围测量与发育情况对于内脏器官的机能状况有较大的意义，是反映人体生长发育水平的一个重要指标。一般结合身高、体重进行综合评定，如艾里斯曼指数=胸围（厘米）-1/2身高（厘米），该指数用于胸廓发育状况的评价，反映胸廓发育是窄胸、宽胸还是普通胸廓，借以说明人的基本形态。

（四）皮褶厚度

人体皮下脂肪的堆积程度与全身的脂肪量有一定的关系，因此，可以从不同的皮下脂肪厚度来推算出全身的脂肪含量。从皮褶厚度推算身体密度的公式很多。如果没有皮褶测定计，也可用手捏住右上臂后面肱三头肌中部的皮褶，如果皮褶的厚度，除去肌肉组织，超过了10厘米，说明脂肪聚集已达到需要控制体重的地步。

二、身体机能的评价标准

（一）脉搏

脉搏是指心脏节律性地收缩、舒张，它是由大动脉的压力变化而引起四肢血管扩张和收缩的一种搏动现象，故也称心率，主要反映心脏和动脉的机能状态。安静脉搏是相对安静状态下的脉搏频率，即单位时间内动脉管壁搏动的次数，它可以表示心脏生长发育的程度。

一般人安静时脉搏为每分钟70次左右（60～80次/分），我国18～25岁青年的脉搏，男性平均为75.2次/分，女性平均为77.5次/分。经常参加体育锻炼，对心血管系统有良好的作用，可以使脉搏低于60次/分。但在剧烈运动时，心率可达180～200次/分。脉搏还是运动训练时进行医务监督经常使用的一种有效反映心血管功能状况的指标。

（二）血压

血压是指心脏收缩时，血液流经动脉管腔内对血管壁产生的侧压力，是心室射血和外周阻力共同作用的结果。心率、心排血量、外周阻力和动脉弹性等因素都与血压变化有密切的关系。一般来说,收缩压主要反映心脏每搏输出量的大小,舒张压主要反映外周阻力大小,而脉压差反映动脉管壁的弹性。血压维持在正常范围内,对于保证全身器官系统功能系具有重要意义。因此,血压也是评价成年人体质状况和衡量健康的一个重要指标。肺活量测试的是人体呼吸时的最大通气能力,它的大小反映了肺的容积和肺的扩张能力,是评价人体生长发育水平体质状况的一项常用机能指标。

1.肺活量评分等级

通过所测肺活量值查得分等级表,即可知道肺功能情况。

各个年龄段,学生的肺活量大小是不同的。男生 18 ~ 20 岁年龄段,2850 以下表明肺通气功能差,3900 以上则说明肺通气功能较好。女生 18 ~ 20 岁年龄段,1850 以下表明肺通气功能差,3100 以上则说明肺通气功能较好,其他为一般。

2.指数法评价肺活量

指数法的评价是以相同年龄、性别、群体所测算出的平均值或中位数为基础划分等级进行个体评价的。

肺活量 / 体重指数 = 肺活量(毫升)/ 体重(千克)

肺活量 / 体重指数表示每千克体重的肺活量,用以评价呼吸机能。

(三)台阶试验指数

测量意义:台阶试验是一种简易的评价心血管系统机能的定量负荷试验,主要通过观察定量负荷持续运动的时间、运动中心血管的反应及负荷后心率恢复速度的关系(即台阶试验指数)来评定心血管系统的机能中台阶试验项。

台阶试验指数 = 踏台阶上下运动的时间(秒)×100/2 ×(2 次测定脉搏的和)

男生台阶指数小于 39 为心脏机能很差,不及格;指数在 54 以上,为优秀,则说明心脏机能好;中间段为一般。女生台阶指数小于 24 为心脏机能很差,不及格,台阶指数在 52 以上为优秀,说明心脏机能好;中间段为一般。

三、身体素质的评价标准

(一)50 米跑

50 米成绩的好坏,可以作为评价学生速度、灵敏素质及神经系统灵活性的发展水平。

50 米跑项男生成绩在 7 秒以下,说明速度、灵敏度及神经系统灵活性发展得比较协调均匀,成绩在 8 秒 5 以上,则说明以上三方面素质及协调能力差。女生成绩在 8 秒 7 以下,则说明速度、灵敏度及神经系统灵活性发展得较协调均匀,成绩在 11 秒以上,说明速度、灵敏度、神经系统灵活性发展差或协调能力很差。

（二）立定跳远

立定跳远是发展下肢、腰腹力量、身体协调性及跳跃能力的指标之一。

男生成绩在 250 厘米以上，说明下肢爆发力及身体协调能力好，194 厘米以下，则说明下肢力量及身体协调能力很差。女生成绩在 187 厘米以上，说明下肢力量及身体协调能力强，138 厘米以下，则说明下肢力量及身体协调能力很差。

（三）引体向上

引体向上可以作为评价上肢力量及身体协调能力的重要指标。

（四）1 分钟仰卧起坐

它是评价腹部肌肉力量、耐力、协调力的重要指标。

女生 1 分钟的仰卧起坐在 41 个以上属优秀，说明腹肌力量、耐力、协调性好，28 ~ 40 个属良好，20 ~ 27 个合格，20 个以下就较差，说明腹部肌肉力量差、耐力差或腹部脂肪太厚。

（五）握力

主要评价肌肉静力的耐力状况，反映前臂及手臂肌肉的力量水平。它以握力体重指数来评价。男生握力指数 70 以上为优秀，56 ~ 69 为良好，41 ~ 55 为及格，40 以下为不及格。也可用与自己体重对比来比较的简易评价法。一般认为男生握力相当于自己体重的 47% ~ 58%，女生为 40% ~ 48%，若比自己的体重的相应百分比小，说明肌肉静力的耐力差，特别是手臂力量差。

（六）12 分钟跑

它是通过对一个人在 12 分钟内能跑多长距离来评价其健康状况。它主要反映人体的耐力素质。此评价方法简单、易行，不需要专门的设备和技术，适合于健康人采用，为国际上较为普及的评价体力、耐久力的方法。

（七）坐位体前屈

坐位体前屈主要反映躯干、腰、髋等部位关节，肌肉、韧带的伸展性和柔韧性，是评价人体躯干屈伸能力的主要指标。

一般男生 16 厘米以上为优秀，伸展性好，15.9 ~ 8.9 厘米良好，8.8 ~ 0.1 厘米及格，0 以下为很差，说明躯干屈伸能力很差，或有疾病：女生 16.2 厘米以上为优秀，16.1 厘米为良好，8.9 ~ 3.0 厘米为及格，3 厘米以下为不及格，说明躯干柔韧性极差。

（八）1000 米跑（男）、800 米跑（女）

这是评价一个人耐力水平的重要指标。

一般男生 1000 米在 3 分 46 秒以下跑完，说明心肺功能和耐力水平比较好，若在 5 分 05 秒以上说明心肺耐力水平极差。女生 800 米在 3 分 45 秒以下跑完，说明心肺耐力好，若要跑 5 分 04 秒以上，则说明此人心肺耐力极差或太肥胖。

第三节　运动健康的心理测试及评价标准

一、心理健康的测试

（一）观察法

语言观察：言为心声，有的人言过其实，有的人谦虚谨慎。

活动观察：有的人喜欢集体活动，有的人喜欢独自活动。

表情观察：眼睛是心灵的窗口，面部表情最能反映人的心理特征。

群体竞技观察：有的人对同伴的表现给予鼓励，而有的人对同伴横加指责或嘲笑；有的人努力表现自己，而有的人则无所谓，满不在乎。

（二）量表测试法

每个题目后都有五个等级供您选择，分别按照程度的高低用 1、2、3、4，5 来表示：1 为无，2 为偶尔，3 为时有，4 为经常，5 为总是。

注意：每个题目后只能选择一个等级，在相应的数字上画圈；每个题目都要回答。

二、心理健康的评价标准

心理健康的评价标准可归纳为以下十条：

1. 智力正常，有正常的心理活动，其言谈举止和思想活动符合社会规范。

2. 热爱生活，朝气蓬勃，具有受人喜欢的品质，能保持良好的人际关系。

3. 正视现实，能适应自然环境和社会环境。

4. 有理想，意识到自己对国家和社会的责任，刻苦学习、努力工作，对事业有一颗进取心。

5. 能冷静、理智地去对待生活中的挫折和打击。

6. 有自知之明，对自己能做出正确、客观的评价。

7. 情绪稳定，从容乐观，对生活有一颗平常心。

8. 在有利于社会和集体的前提下，能保持自己个性的独特性。

9. 在不违背道德规范的情况下，能适当满足个人的基本需要。

10. 有充分的安全感。

三、心理健康的评价方法

通过对人们在日常生活和体育活动中的观察了解，把握人们的心理特点，根据心理健康状况来进行评价和调剂。

中国人心理健康量表共包括 10 个分量表，每个分量表都包括 8 项。

各因子（分量表）的因子分的计算方法，是将 8 个项目的分数加在一起之和除以因子项目数，即除以 8，为该因子（分量表）的因子分。

中国人心理健康量表每一项目采用 5 级评分法规，即无为 1 分，偶尔为 2 分，时有为 3 分，经常为 4 分，总是为 5 分。每个因子的 8 项按此标准计分除以 8，即为该因子的因子分。

判断自己心理健康状况，在自己填完心理健康量表后，10 个因子均以 2 分为简单判断标准分数线。

根据 10 个因子的因子分，以 2 分为简单判断标准分数线，就可以简便、初步地判断哪些因子存在问题和症状，即因子分数超过 2 分的因子。

初步确定心理问题和症状严重程度的评定分数值。2 ～ 2.99 分为该因子轻度存在问题。3 ～ 3.99 分，表示该因子存在中度症状。4 ～ 4.99 分为该因子存在较重的症状。如果是 5 分，表示该因子存在严重的心理症状。

四、心理健康的调节方法

（一）体育锻炼能达到调节心理健康的效果

体育锻炼是一种低经济支出、低风险、低副作用的有效改善心理健康的手段。

1. 改善情绪状态

不良情绪是导致生理和心理不健康的重要因素之一，而体育锻炼特别是时尚运动能直接给人带来愉快和喜悦，并能降低紧张和不安，从而控制人的情绪，改善心理健康状况。

2. 提高智能

时尚运动锻炼有益于呼吸、血液循环和神经细胞兴奋与抑制的交替，更有助于学生的注意力、记忆力、想象力、思维分析等心智能力的健康发展，并使其情绪稳定、性格开朗、疲劳感下降。

3.强化自我概念和自尊

时尚运动锻炼中表现出来的活动能力、组织能力、表现能力及技能、技巧、动作等都能强化自我和提高其自身的自尊和整体的自尊。

4.培养坚强的意志品质

在时尚运动锻炼中要不断克服客观困难（如气候环境条件的变化、身体素质与能力的限制或意外等）和主观困难（如紧张、畏惧心理、失意、疲劳等），锻炼者越能努力克服困难，也就越能培养良好的意志品质。从锻炼中培养起来的坚强意志品质能够迁移到日常的学习、生活和工作中去。

5.协调人际关系

在时尚运动锻炼中能够较好地克服孤僻，忘却烦恼和痛苦，协调人际关系，扩大社会交往，提高社会适应能力。

（二）想象训练暗示法

1.想象转移

这一方法是将个体从失败的想象情景中转移到积极的情景想象中。具体实施时，可采用"思维中止法"，即当头脑中浮现应激情景，并产生焦虑体验时，应大喝一声"停止"，随后想象愉快的情景，应经常练习这一方法。

2.回想成功的情景或经历

当一个人体验到焦虑时，可以想象以前成功的经历或结果。

3.心理暗示法

取一个舒适的位置，坐或躺下来，闭上眼睛，调整呼吸，暗示自己要有信心、要努力、要有爱心，然后暗示自己已经得到了快乐、得到了认可、得到了努力奋斗的勇气。每天坚持 2 ~ 3 次，一段时间后会有好的效果。

（三）休息和睡眠

减少紧张、不快、抑郁等不良心理的方法是充分休息与睡眠。休息好是消除疲劳、释放压力、消除紧张与不安的一种有效疗法。

第四节 运动健康的社会适应能力的评价

健康的社会适应能力指个体采取各种有效的调整措施，能很好地适应社会的各种角色，较好地改变自我顺应社会环境。

一、健康的社会适应能力的评价标准

健康社会适应能力的标准：一是应变能力强，能适应社会、外界的各种变化；二是能调整自己的状态去适应社会的各种角色；三是能按照社会的标准去调整、发展自己的个性；四是有较好的对疾病的抵抗能力。

二、完善社会适应能力的方法

（一）培养社会适应能力的参与意识

经常地参加社会活动、体育活动特别是时尚运动，使自己逐渐成为团体、社区、社会体育组织的一员，不仅有义务为他人提供帮助，而且要通过相互间的经验交流接受公众的指导，乃至从精神上得到必要的鼓励。这种积极的社会参与意识，使参加者利用各种社会交往方式，扩大自己的生活领域，并达到促进个体社会化，完善个体社会适应能力的目的。

（二）培养社会适应能力的个性特征

个性是个体在其生理、心理先天素质的基础上，受一定社会环境条件影响，通过实践锻炼和陶冶逐步形成的观念、态度、习惯和行为。通常认为，个性又以个体在生活空间的人性或行为方式的基本特征和其他社会活动，培养人的热情、坚定、果断、自信、谦和等优良个性来达到社会适应能力的加强。在任何集体活动中，合作者都将得到赞扬和激励，反之则会受到贬斥和批评。基于这种约定俗成的道德规范，多数人受自尊、自强、自信等自我意识的正面影响，为了与群体保持一致，总是愿意接受来自群体的监督与帮助，希望通过调整与约束自己不合时宜的个性特征，按有利于集体利益的行为方式，期望在群体中得到别人的认可；经常地参加集体活动或时尚运动，加强相互的协调与配合，加强个性的自我约束机能，不断提高公众意识、集体荣誉感、道德责任感等，如此，培养社会适应能力强的个性。

（三）培养具有社会适应能力的角色

在复杂的社会结构中，需要由有多种特定权利、义务和行为规范的人员组成。每个人若要在社会中生活，就必须凭借自己的知识与能力，在工作岗位上充当一名角色，各司其职为社会公众服务。无论个体想要扮演什么角色，人们都必须分工明确又互为关联。各自的角色一旦确定，那每个成员就有在该位置上发挥作用的权利，同时被要求承担相应的义务，这样才能通过不同角色行为的协调，产生有利于互动的社会关系。个体通过集体活动或体育活动妥善处理与同伴的相互关系，培养具有社会适应能力的角色。

参考文献

[1] 吴棠 . 高职体育与健康课程教学及实践研究 [M]. 长春：吉林人民出版社，2017.

[2] 刘凤钦 . 基于项目型教学的动觉学习活动在体育英语教学中的应用研究 [M]. 北京：北京交通大学出版社，2017.

[3] 刘阳，王洪磊 . 体育教学与社会体育 [M]. 延吉：延边大学出版社，2017.

[4] 张丹，朱继虎，展加岭 . 体育教学与基础训练 [M]. 长春：吉林文史出版社，2017.

[5] 马姣，项馨，周艳 . 体育教学与模式创新 [M]. 天津：天津科学技术出版社，2017.

[6] 高阳 . 创新视角与体育教学 [M]. 延吉：延边大学出版社，2017.

[7] 张国胜 . 体育教学理论与实践 [M]. 天津：天津科学技术出版社，2017.

[8] 辛娟娟 . 运动技能与体育教学 [M]. 北京：九州出版社，2018.

[9] 刘满 . 体育教学团队的科学建设与管理 [M]. 北京：中国商业出版社，2018.

[10] 龚颜，刘强 . 高中体育选项走班教学指南 [M]. 天津：天津科学技术出版社，2018.

[11] 郭瑞芳，尤元灯 . 高校体育教学与大学生体育实践能力培养研究 [M]. 北京：北京工业大学出版社，2018.

[12] 赵新辉 . 基于 MOOC 平台的体育教学改革及教师能力培养研究 [M]. 长春：东北师范大学出版社，2018.

[13] 蒋艺 . 高校体育教学与训练研究 [M]. 北京：中国国际广播出版社，2018.

[14] 彭晶 . 新时期高校体育教学的改革与发展 [M]. 汕头：汕头大学出版社，2018.

[15] 韦勇兵，申云霞，汤先军 . 体育教学与运动技能分析 [M]. 长春：吉林人民出版社，2019.

[16] 陈轩昂 . 新时期高校体育教学的改革与发展 [M]. 北京：航空工业出版社，2019.

[17] 李利华，邢海军，谢佳 . 体育教学思维创新与运动实践研究 [M]. 南昌：江西高校出版社，2019.

[18] 肖春元 . 大学体育篮球教学改革研究 [M]. 哈尔滨：黑龙江教育出版社，2019.

[19] 郭庆凯，秦宇阳，史友国 . 体育教学与体能训练 [M]. 北京：中国纺织出版社，2019.

[20] 段胜霜，付杰 . 高校体育教学与训练 [M]. 长春：吉林出版集团股份有限公司，2019.

[21] 朱春明 . 体育教学与体能训练 [M]. 北京：中国民族摄影艺术出版社，2019.

[22] 刘兵，杨明哲 . 体育教学理论与实践 [M]. 北京：中国纺织出版社，2019.

[23] 张前成，欧先亮，王子章 . 体育教学与体能训练 [M]. 沈阳：辽海出版社，2019.

[24] 周奕君，郭强 . 中小学体育教学法理论与实务 [M]. 北京：中国原子能出版社，2020.

[25] 杨延秋，马威 . 学前儿童体育教育与教学 [M]. 上海：复旦大学出版社，2020.

[26] 邱天 . 高校体育创新思维的教学与实践 [M]. 厦门：厦门大学出版社，2020.

[27] 陈静 . 体育管理信息系统原理与应用 [M]. 天津：南开大学出版社，2020.